# Verkaufserfolg für KMU

**EBOOK INSIDE**

Die Zugangsinformationen zum eBook Inside finden Sie am Ende des Buchs.

Peter Kleimeier

# Verkaufserfolg für KMU

Mit pragmatischen
und effizienten Lösungen
zu besseren Vertriebsergebnissen

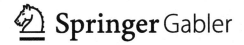

Peter Kleimeier
Berlin, Deutschland

ISBN 978-3-658-17973-1        ISBN 978-3-658-17974-8   (eBook)
DOI 10.1007/978-3-658-17974-8

Die Deutsche Nationalbibliothek verzeichnet diese Publikation in der Deutschen Nationalbibliografie; detaillierte bibliografische Daten sind im Internet über http://dnb.d-nb.de abrufbar.

Springer Gabler
© Springer Fachmedien Wiesbaden GmbH 2017
Das Werk einschließlich aller seiner Teile ist urheberrechtlich geschützt. Jede Verwertung, die nicht ausdrücklich vom Urheberrechtsgesetz zugelassen ist, bedarf der vorherigen Zustimmung des Verlags. Das gilt insbesondere für Vervielfältigungen, Bearbeitungen, Übersetzungen, Mikroverfilmungen und die Einspeicherung und Verarbeitung in elektronischen Systemen.
Die Wiedergabe von Gebrauchsnamen, Handelsnamen, Warenbezeichnungen usw. in diesem Werk berechtigt auch ohne besondere Kennzeichnung nicht zu der Annahme, dass solche Namen im Sinne der Warenzeichen- und Markenschutz-Gesetzgebung als frei zu betrachten wären und daher von jedermann benutzt werden dürften.
Der Verlag, die Autoren und die Herausgeber gehen davon aus, dass die Angaben und Informationen in diesem Werk zum Zeitpunkt der Veröffentlichung vollständig und korrekt sind. Weder der Verlag noch die Autoren oder die Herausgeber übernehmen, ausdrücklich oder implizit, Gewähr für den Inhalt des Werkes, etwaige Fehler oder Äußerungen. Der Verlag bleibt im Hinblick auf geografische Zuordnungen und Gebietsbezeichnungen in veröffentlichten Karten und Institutionsadressen neutral.

Lektorat: Manuela Eckstein

Gedruckt auf säurefreiem und chlorfrei gebleichtem Papier

Springer Gabler ist Teil von Springer Nature
Die eingetragene Gesellschaft ist Springer Fachmedien Wiesbaden GmbH
Die Anschrift der Gesellschaft ist: Abraham-Lincoln-Str. 46, 65189 Wiesbaden, Germany

# Vorwort

Dieses Buch richtet sich in erster Linie an kleine und mittelständische Unternehmen (KMU), die ihre Produkte und Dienstleistungen anderen Unternehmen anbieten. Meine Erfahrungen stammen aus genau solchen Betrieben: In KMU habe ich selber als Vertriebler, im Marketing und auch in Führungspositionen gearbeitet und in den letzten Jahren viele dieser Unternehmen in Vertriebsfragen beraten. Die Quintessenz meiner Erfahrungen lässt sich in einem Satz zusammenfassen: Die meisten Unternehmen schöpfen ihre Vertriebsmöglichkeiten nicht aus, sie lassen sozusagen Geld auf der Straße liegen.

Ich rede dabei weniger von den glücklichen Unternehmen, die ein Produkt auf den Markt bringen, auf das die Welt schon seit Langem gewartet hat. Zwar bedarf es auch bei solchen Produkten einer klugen Marketing- und Vertriebsstrategie, aber in einem solchen Fall gibt es einen Nachfrageüberhang, der die Sache leichter macht. Ich rede auch nicht von den Unternehmen, die als Zulieferer, z. B. für die Automobilindustrie, hochstandardisierte Auftragsfertigung machen. Bei solchen Vertriebssituationen zählt – neben erforderlichen Qualitätsmerkmalen – hauptsächlich der Preis. Das klingt einfach, ist es de facto aber nicht.

Was ich meine, sind in erster Linie viele kleine und mittelständische, häufig sehr innovative Unternehmen, die in überschaubaren Märkten unterwegs sind. Sie haben hervorragende Produkte, nur wissen sie nicht, wie sie diese platzieren können. Vielfach beschränken sich die Firmen auf eine kleine Gruppe von Kunden, mit denen dauerhafte Kundenbeziehungen entstanden sind. Daneben gibt es Zufallskunden, die z. B. durch Messen auf das Unternehmen aufmerksam wurden. Gerade diese bleiben häufig Einmalkunden, da für den Aufbau einer dauerhaften Kundenbeziehung Ressourcen fehlen. So „dümpelt" Vertrieb vor sich hin.

Die Ursachen dafür lassen sich nicht über einen Kamm scheren, aber überall gibt es Irrtümer, Missverständnisse, falsche Vorstellungen und daraus resultierende Planlosigkeit. Dieses Buch soll aufzeigen, was in KMU falsch gemacht wird, wie es besser geht und über einige Mythen aufklären. Diesen Mythen liegen zwei zentrale Irrtümer zugrunde, die sich in der Literatur zum Thema widerspiegeln. Erstens gibt es eine Vielzahl von Büchern, die umfangreich, wissenschaftlich und differenziert kluge Theorien über Vertrieb entwickeln. Diese Bücher sind – wenn überhaupt – für die Vertriebsorganisationen von Großkonzernen anwendbar. Wenn man Hunderte von internen und vielleicht Tausende von externen Mitarbeitern steuern muss, macht das Studium solcher Bücher sicher Sinn. Für die Alltagspraxis von kleinen und mittelständischen Unternehmen sind sie schlichtweg ungeeignet. Hier fehlt bereits das Basiswissen, z. B. über handhabbare Tools, mit denen Vertrieb operativ gesteuert werden kann. Zweitens entsteht durch diesen Mangel ein Bedürfnis nach Alternativen, die den anderen Teil der Bücherregale im Handel füllen. Es sind die Vielzahl der Bestseller, in denen „Verkaufsgenies" erklären, wie einfach Verkaufen ist, wenn man nur die „richtigen Tricks" anwendet und die „richtigen Verkäufer" hat. Diese Art der Literatur bildet in vielen Buchhandlungen den größten Teil der Bücher zu diesem Thema.

Ich stimme den Kollegen in einem Aspekt zu: Verkaufen ist einfach. Das Verkaufen ist aber nur der letzte Schritt in einem langen Prozess. Einen gut organisierten Vertrieb aufzubauen, das ist die eigentliche, schwierige und auch kostspielige Aufgabe. Selbst wenn ein Unternehmen das seltene Glück hat, ein „Verkaufsgenie" für seinen Vertrieb zu gewinnen, wird es keinen Erfolg haben, wenn die Organisation nicht Ressourcen und Prozesse auf den Vertrieb ausrichtet. Gerade an dieser Aufgabe scheitern viele Unternehmen, auch weil Vertrieb in die „Seele" eines Unternehmens eingreift.

Zum Beispiel liegen in einem kleinen, feinen Technologieunternehmen fertige, patentierte, serienreife Produkte vor, für die weltweiter Bedarf besteht. Da macht es Sinn, einen Vertriebler einzustellen, der die Geräte draußen verkauft. Das wurde immer wieder versucht, aber alle sind gescheitert. Das investierte Geld hat sich nie gerechnet. Warum? Die Antwort ist einfach: Der Inhaber und Geschäftsführer des Unternehmens ist Ingenieur. Er liebt es zu entwickeln, Neues zu erfinden, Lösungen für schwierige technische Probleme zu finden. Das ganze Unternehmen ist eine Erfinderwerkstatt. Die vertrieblichen Aktivitäten des Inhabers zielen darauf, neue Lösungen, also Entwicklungsprojekte, zu verkaufen. Aus den Entwicklungsprojekten entstehen zwar serienreife Produkte, die aber nicht an andere potenzielle Kunden verkauft werden. Die Seele dieses Unternehmens ist „Erfinden", nicht „Verkaufen". In diesem Fall Vertriebsstrukturen aufzubauen, ist eine Operation am offenen Herzen, denn es greift tief in das Selbstverständnis und die Organisation des Unternehmens ein.

Die Herausforderung ist, dass Vertrieb organisiert werden muss. Darin unterscheidet er sich nicht von einem Projekt. Vertrieb oder Vertriebsaktivitäten müssen initiiert, geplant, gesteuert, kontrolliert und abgeschlossen werden. Vertrieb braucht Ergebnisdefinitionen (also eine Art Pflichtenheft), Meilensteine, Kostenkontrollen und Ergebnisüberprüfungen. Ebenso sind Leitung, Steuerung und Überwachung sowie Projektteams für den Vertrieb erforderlich. Im einfachsten Fall liegen Leitung, Steuerung und Überwachung in der Hand einer Person und das „Projektteam" besteht dann aus ein oder zwei Vertrieblern.

„Vertrieb ist ein Projekt" bedeutet auch, dass der Vertrieb durch das Management initiiert, geplant, gesteuert, und kontrolliert werden muss. Der häufig anzutreffende Gedanke „Ich stelle einen kompetenten Vertriebsmitarbeiter ein, der mir die Aufträge holt, und ich kümmere mich um den Rest" ist eine Illusion. Es ist wie im richtigen Leben: Die Vorbereitung ist aufwendiger als die Umsetzung. Wie plant man sinnvolle Vertriebsziele? Kundenbesuche sind schön, aber wie entstehen die Kontakte? Wie macht man Termine? Worauf kommt es im Kundengespräch an? Wie wichtig ist das Produkt? Was kann man tun, um den Vertrieblern ihre Aufgaben zu erleichtern? Das sind Fragen, die viele Unternehmen nur unzureichend beantworten.

Um all diese Prozesse zu entwickeln und zu steuern, braucht es Knowhow und gerade in KMU einfache und pragmatische Lösungen. Mit diesem Anspruch ist das Buch geschrieben. Dabei soll dieses Buch kein durchgehender Leitfaden sein, der Stück für Stück abgearbeitet werden muss. Unternehmen sind so unterschiedlich wie Menschen, und es macht keinen Sinn, „Wenn dann"-Regeln aufzustellen. Jedes Unternehmen befindet sich in einer anderen Situation und deshalb werden für jedes Unternehmen andere Aspekte von Bedeutung sein. Betrachten Sie dieses Buch deshalb nicht als Prozessbeschreibung, die Sie Stück für Stück abarbeiten müssen. Wählen Sie stattdessen das aus, was Ihnen sinnvoll erscheint. Machen Sie niemals alles gleichzeitig, sondern setzen Sie kleine Bausteine um und schauen Sie, welche Erfolge daraus resultieren. Und dann nehmen Sie sich den nächsten Baustein vor.

> Im Text wird immer von Vertriebsmitarbeitern die Rede sein. Selbstverständlich sind damit auch Vertriebsmitarbeiterinnen gemeint. Der besseren Lesbarkeit wegen wurde darauf verzichtet „Vertriebsmitarbeiter und Vertriebsmitarbeiterinnen" oder „VertrieblerInnen" zu benutzen.
>
> Das Buch wendet sich an Unternehmen, die im Firmenkundenvertrieb unterwegs sind. Im Text wird immer auch auf Beispiele aus dem Consumer-Vertrieb Bezug genommen, um das Verständnis des Lesers zu erleichtern.
>
> Wenn in diesem Buch von „Produkten" die Rede ist, dann sind damit auch im gleichen Wortsinne Dienstleistungen und Service gemeint.

Berlin  Peter Kleimeier
im Mai 2017

# Inhaltsverzeichnis

| | | |
|---|---|---|
| 1 | **Mythos 1: Vertriebsmitarbeiter sehen gut aus, sind hartnäckig und machen alles für Geld** | 1 |
| | 1.1 Auswahlkriterien: Nicht der Anzug entscheidet | 3 |
| | 1.2 Persönlichkeit: Viele Wege führen zum Erfolg | 4 |
| | 1.3 Expertise: So viel wie nötig, aber so wenig wie möglich | 5 |
| | 1.4 Geld: Wichtig, aber nur gezielt | 8 |
| 2 | **Mythos 2: Vertriebler laufen von alleine** | 11 |
| | 2.1 Ziele: Ohne geht gar nichts | 13 |
| | 2.2 Strategie: Macht Sinn | 19 |
| | 2.3 Organisation: Ist individuell | 21 |
| | 2.4 Aufgaben: Sind notwendig | 24 |
| | 2.5 Steuerung und Reports: Regelmäßig und standardisiert | 28 |
| | 2.6 Maßnahmen: Eingreifen, aber nicht draufhauen | 32 |

## 3 Mythos 3: Kunden entscheiden rein rational — 39
3.1 Zielgruppe: Präzision hilft — 42
3.2 Bedarf: Was der Kunde wissen könnte — 45
3.3 Bedürfnis: Was der Kunde nicht weiß — 51
3.4 Marktanalysen: Sind gar nicht aufwendig — 55
3.5 Botschaft: Wiederholen, wiederholen, wiederholen — 58
3.6 Kundengespräche: Kann doch jeder — 62
    3.6.1 Vorbereitung: Wird gern vergessen — 63
    3.6.2 Begrüßung: Gar nicht so einfach — 64
    3.6.3 Bedarfsanalyse: Die Königsdisziplin — 64
    3.6.4 Angebot: Vorsicht! — 66
    3.6.5 Cross Selling: Ist kein hausieren — 71
    3.6.6 Abschluss: Davor liegt das schwarze Loch — 74
Literatur — 77

## 4 Mythos 4: Das ideale Produkt ist ein iPhone — 79
4.1 Produktmerkmale: Nice to have — 81
4.2 Produktnutzen: Ist besser — 86
4.3 Produktpreis: Der Preis ist nicht heiß — 89
4.4 Neue Produkte: Gut für alte Kunden — 93
Literatur — 96

## 5 Mythos 5: Marketing kostet viel Geld — 97
5.1 Marketing: „Magd" des Vertriebs — 99
5.2 Marketingplanung: Ausschlaggebend — 101
5.3 Marketingmittel: Keine Allzweckwaffe — 105
Literatur — 112

## Nachwort — 113

# Über den Autor

**Peter Kleimeier** war viele Jahre in Vertrieb tätig, bevor er sich 2002 als Trainer, Berater und Coach mit dem Schwerpunktthema Vertrieb in Berlin selbstständig machte. Durch die vielen Projekte bei Gründern in kleinen und großen Technologie-, und Dienstleistungsunternehmen erlangte er tiefe Einblicke in die Vertriebswirklichkeit. Mit einfachen Mitteln erreichte er eine deutliche Steigerung der Vertriebserfolge. Seine Erfahrungen fasst er in diesem Buch zusammen, das er nach der Devise von Albert Einstein geschrieben hat: „Man muß die Dinge so einfach wie möglich machen. Aber nicht einfacher."

**Kontakt:**
E-Mail: pk@pkberatung.de

# 1
# Mythos 1: Vertriebsmitarbeiter sehen gut aus, sind hartnäckig und machen alles für Geld

**Zusammenfassung** Vertriebsmitarbeiter sind das größte Kapital, aber auch der größte Kostenblock im Vertrieb, deshalb kommt der Auswahl der Mitarbeiter und ihrer Vergütung eine so große Bedeutung zu. Eine falsche Entscheidung kostet im schlimmsten Fall richtig viel Geld. Die größte Gefahr besteht darin, dass man auf die Blender reinfällt, die ein hervorragendes und sehr überzeugendes Auftreten haben, gut reden können und auch noch sympathisch sind. Natürlich sind diese Eigenschaften nicht unerwünscht, aber sie sind eigentlich ein „Nice-to-Have" für Vertriebler. Noch größere Gefahren lauern beim Thema Bezahlung. Ich habe oft erlebt, dass Vertriebler mit perfektem Auftreten und großer Chuzpe ein hohes Gehalt verlangt und bekommen haben. Leider haben sie die in sie gesetzten Erwartungen in den allermeisten Fällen nicht erfüllt. Wie Sie sich gegen diese Fallen schützen können, worauf Sie besser achten sollten und wie Sie ein sinnvolles Vorstellungsgespräch führen können, das erfahren Sie in dem folgenden Kapitel.

Der perfekte Vertriebler ist vielfach beschrieben: Er oder sie sieht gut aus, ist immer freundlich, fachkompetent, hartnäckig bis zur Schmerzgrenze, demzufolge frustrationstolerant, er verkauft seine eigene Großmutter, ohne mit der Wimper zu zucken, ist knallhart in Verhandlungen und gleichzeitig charmant und einfühlsam. Dass dies weniger mit der Wirklichkeit und eher mit einer Karikatur zu tun hat, ist offensichtlich.

Schwieriger wird es bei folgender Beschreibung: Der Vertriebler ist hartnäckig, hat immer das Wohl des Kunden im Blick, da ihm an einer langfristigen Kundenbeziehung gelegen ist. Er hat Expertenwissen, ist fachkompetent, verständnisvoll und kann schnell rechnen. Er ist immer gut gekleidet und zieht keine weißen Socken an. Außerdem fährt er gerne ein teures, schnelles Auto. Ihm macht es nichts aus, beim Kunden zehnmal anzurufen, auch wenn der ihn immer wieder abfertigt. Er macht Termine über Termine mit Neukunden und der variable Anteil seines Verdienstes macht ungefähr 80 % seines monatlichen Einkommens aus. Das klingt schon besser, oder? Wenn Sie so einen Mitarbeiter haben, dann binden Sie ihn am besten fest an sich. Lassen Sie ihn auch nie ans Telefon gehen, denn die Gefahr, dass er abgeworben wird, ist groß. Diese Beschreibung ist ein Ideal, das in der Wirklichkeit selten anzutreffen ist.

> **Denkanstöße**
> - Manche der oben genannten Aussagen sind dumm: Das große Auto steht meistens auf einem großen Parkplatz zusammen mit vielen anderen großen Autos und fällt kaum auf.
> - Andere Aussagen sind falsch: Es gibt brillante Vertriebler, die schlecht gekleidet herumlaufen. Ihr Markenzeichen ist gewissermaßen die schlechte Kleidung.
> - Manche Aussagen sind wiederum kontraproduktiv, denn ein Produktexperte kann in aller Regel nicht gut verkaufen.
> - Und viele der Aussagen sind alles zusammen: Wenn der Kunde einen Vertriebler immer wieder abfertigt, dann geht das an keinem Menschen spurlos vorbei. Zudem ist dieses Verhalten Zeitverschwendung und die Gefahr, dass der Kunde schnell genervt ist, ziemlich hoch.

Was ist also realistisch für KMU? Was kann man von Vertrieblern erwarten? Was sind seine Aufgaben? In welche Fallen kann man tappen? Was bedeutet es, Vertriebler einzustellen? Wie steuert man den Vertrieb?

# 1 Mythos 1: Vertriebsmitarbeiter sehen gut aus, sind hartnäckig ...

Und welche Folgen hat das? Auf alle diese Fragen wird das folgende Kapitel Auskunft geben.

## 1.1 Auswahlkriterien: Nicht der Anzug entscheidet

Verabschieden Sie sich von äußeren Merkmalen. Weder der perfekt sitzende Anzug, noch die teure Armbanduhr, auch nicht der Luxuswagen geben Auskunft über den Vertriebserfolg. In manchen Branchen, z. B. im Bau, ist ein teurer Anzug eher ein Hindernis als eine Hilfe. Fachkompetenz ist in gewissem Maße unerlässlich, aber wichtiger ist die Fähigkeit, sich in den Kunden hineindenken zu können. Ein Vertriebsmitarbeiter muss neugierig sein, das braucht er um den Bedarf des Kunden erkennen zu können, und er sollte bereit sein, sich zu engagieren, um viel Geld zu verdienen. Beide Punkte kann man bereits im Vorstellungsgespräch abklopfen.

1. **Gesprächsführung**
Ist der Bewerber in der Lage, das Einstellungsgespräch zu führen („führen" im Sinne von „leiten")? Versucht er, in Erfahrung zu bringen, was von ihm erwartet wird? Ist er in der Lage, seine zukünftige Aufgabenstellung herauszuarbeiten? Kann er einen Plan entwickeln, wie er sich die Zielerreichung vorstellt? Hintergrund dieses Punktes ist, dass der Bewerber sich im Prinzip in einem Verkaufsgespräch befindet. Ein Verkaufsgespräch sollte vom Vertriebsmitarbeiter und nicht vom Kunden gesteuert werden. Der Bewerber (also der Vertriebler) muss Fragen stellen und den Bedarf des Kunden (also des Arbeitgebers) ermitteln. Nachdem er den Bedarf ermittelt hat (Abschn. 3.2), sollte er eine Idee für eine Lösung des Bedarfs entwerfen. Dies ist sicherlich ein ungewöhnliches Vorgehen in einem Vorstellungsgespräch und von einem Berufsanfänger darf man natürlich weniger erwarten als von einem alten Hasen. Dennoch, das Vorstellungsgespräch ist nichts anderes als ein Erstgespräch mit dem Kunden, es ist deswegen der beste Moment, um die verkäuferischen Fähigkeiten des Bewerbers zu testen.

2. **Gehaltsvorstellungen**
Welche Gehaltvorstellungen hat der Vertriebsmitarbeiter? Will er ein reines Fixum? Wie hoch soll das Fixum sein? Oder will er einen variablen Anteil? Und wie hoch soll der variable Anteil sein? Natürlich wird jeder Vertriebsmitarbeiter versuchen, ein möglichst hohes Fixum zu erreichen, aber jeder erfahrene Vertriebler weiß gleichzeitig, dass der variable Anteil der attraktivere Teil der Bezahlung sein muss. Voraussetzung ist, dass das Produkt nachweisbar verkäuflich ist. Bei einem Produkt, von dem keiner weiß, wie es auf dem Markt ankommt und hinter dem auch kein renommierter Name steht, sollte sich der variable Anteil an etwas Anderem orientieren als an den Verkaufszahlen, z. B. an der Zahl der Kundenbesuche, abgegebenen Angeboten oder Ähnlichem. Kein guter Vertriebsmitarbeiter wird sich in so einem Fall darauf einlassen, über Verkaufsprovisionen sein Geld zu verdienen.

Um die Eindrücke aus einem Vorstellungsgespräch zu festigen, macht es Sinn, für die Probezeit klare Ziele zu vereinbaren (siehe Abschn. 2.1). Bereits mit so einer Vereinbarung kann man austesten, inwieweit sich der neue Mitarbeiter auf die Arbeit mit klaren Vertriebszielen einlässt. Am Ende der Probezeit können die Ziele überprüft und bewertet werden. Wurden die Ziele erreicht, spricht vieles für eine erfolgreiche Zusammenarbeit.

## 1.2 Persönlichkeit: Viele Wege führen zum Erfolg

In vielen Bücher zum Vertrieb und in auch in zahlreichen Seminaren erfährt man, dass der Vertriebler hartnäckig sein muss. „Wenn Sie hinten rausgeschickt werden, dann gehen Sie vorne wieder rein." „Lassen Sie sich nicht abfertigen. Setzen Sie sich auf den Schreibtisch der Sekretärin und warten Sie, bis der Chef rauskommt". Solcher oder ähnlicher Blödsinn wird in Rollenspielen trainiert, hat aber mit der Realität wenig zu tun, es sei denn, Sie sind Hausierer. Der gesunde Menschenverstand sagt einem bei solch einem Vorgehen drei Dinge:

1. Jedes Mal abgewiesen zu werden und dann wieder mit einem Lächeln durch die Tür zu kommen, dürfte für die allermeisten Menschen sehr schwer sein.
2. Versetzen Sie sich in die Lage eines Menschen, der alle drei Tage angerufen wird, weil jemand ihm etwas verkaufen will. Die Gefahr, dass er maßlos genervt ist, ist relativ hoch.
3. Es ist reine Zeitverschwendung, die Energie für solche Maßnahmen sollte besser in den nächsten Kontakt investiert werden.

Hartnäckig zu sein bedeutet nicht unverschämt zu sein, aber leider ist die Grenze zwischen beiden fließend. Ansonsten können Vertriebler sehr unterschiedliche Charaktere haben. Der eine macht Vertrieb mit Charme, der aber alleine nicht ausreicht. Andere erzielen ihre Erfolge mit Nüchternheit und Fachkompetenz. Manche Frauen nutzen ihre feminine Seite in einer männerbetonten Welt, andere zeigen sich betont distanziert. Beide können auf ihre Weise erfolgreich sein. Manche Vertriebler reden wie ein Wasserfall, andere sind wortkarg.

Was ich damit sagen will: Es gibt nicht DIE Verkäuferpersönlichkeit, so verschieden Menschen sind, so verschieden sind auch Verkäufer. In Abschn. 1.1 ist bereits auf die Bedeutung der Gesprächsführung hingewiesen worden. Darüber hinaus sollte der künftige Vertriebsmitarbeiter auf jedem Fall in der Lage sein zuzuhören und eine vertretbare Härte in Verhandlungen mitbringen.

## 1.3 Expertise: So viel wie nötig, aber so wenig wie möglich

Vertrieb in KMU entwickelt sich häufig zufällig und unstrukturiert. Dies geschieht umso mehr, je erklärungsbedürftiger und innovativer die Produkte oder Dienstleistungen sind. Da wird z. B. von einem Unternehmen eine innovative Steuerungstechnik für Containerkräne entwickelt. Die Technik ist kompliziert und wird nur von Experten verstanden. Nun wird gerade bei solch technischen Produkten der Kunde die Technik von seinen eigenen Experten prüfen lassen. Es macht also

Sinn, dass das verkaufende Unternehmen seinen Entwickler schickt, der die Fragen der Experten am besten beantworten kann. Experte trifft Experten. Der Entwickler ist begeistert von seinem Produkt und erzählt und erläutert, wie toll das Produkt ist. Die Experten der Gegenseite sind ebenso fasziniert und man erfreut sich an der gegenseitigen „Fachsimpelei". Der Experte verliert dabei leider allzu oft das eigentliche Ziel aus dem Auge, den Verkauf.

Ein Verkäufer muss – im Gegensatz zum Experten – in erster Linie verstehen, wozu der Kunde das Produkt braucht, welchen Nutzen er daraus zieht, was die Einführung der neuen Technologie für Auswirkungen auf die Produktion des Kunden hat usw. Im besten Fall lernt der Experte im Laufe der Zeit mehr oder weniger gut, worauf es im Gespräch ankommt, und entwickelt sich ungeplant und ungewollt zum Vertriebler. „Der kann gut reden und er kennst das Produkt exzellent" ist eine häufig zu hörende Aussage von den Vorgesetzten. Beide Teile der Aussage sind mit Vorsicht zu genießen. Es stimmt zwar, ein Vertriebler sollte reden können und er sollte auch etwas vom Produkt verstehen, aber besser wäre die Aussage: „Er kann gut zuhören und versteht viel vom Verkaufen."

„Wer es im Leben weit bringen will, muss zwei Dinge beherrschen: lachen und zuhören können", sagt ein Sprichwort aus der Mandschurei. Zuhören ist das A und O des Verkaufsgesprächs. Verkaufen heißt, sich mit dem Problem des Kunden zu beschäftigen und ihm eine Lösung für eben dieses Problem zu liefern. Der ganze Rest interessiert ihn, wenn überhaupt, erst in zweiter Linie. Menschen sind Egoisten, oder wie es Max Stirner, der eigenwillige Philosoph, formulierte: „Mir geht nichts über mich." In diesem Sinne ist der oft unausgesprochene Wunsch des Kunden zu verstehen: „Löse mein Problem!" – „Und dann reden wir über Geld", sollte der Vertriebler still hinzufügen. Auf diesen Punkt werden wir später noch zurückkommen in Abschn. 4.3.

Der zweite Teil der Aussage „er versteht viel vom Verkaufen" soll die Bedeutung des Produkt-Know-hows relativieren. Produktkenntnisse sind bei komplexen Produkten zwingend. Ohne sie würde der Verkäufer weder das Problem des Kunden verstehen, noch eine Lösung dafür finden. Zu viel Wissen über ein Produkt ist jedoch verkaufshemmend. Folgendes Beispiel illustriert den Sachverhalt.

# 1 Mythos 1: Vertriebsmitarbeiter sehen gut aus, sind hartnäckig …

> **Beispiel**
>
> Auf Drängen seiner Kinder hat sich ein älteres Ehepaar entschlossen, das eigene Haus zu verlassen und in eine Seniorenresidenz umzuziehen. Die Familie beauftragte einen Makler, um das Haus zu verkaufen. Der Vater – ein rüstiger Senior – wollte den Verkaufsprozess aktiv unterstützen und war deshalb bei den Besichtigungen möglicher Käufer anwesend. Nach einigen dieser Termine rief der entnervte Makler den Sohn an und bat ihn dafür zu sorgen, dass der Vater nicht mehr an den Besichtigungsterminen teilnehme, andernfalls müsse er das Mandat niederlegen.
> Warum? Ganz einfach!
> Während der Besichtigungen erläuterte der Vater den potenziellen Käufern genau, was alles an dem Haus nicht in Ordnung sei. Er kannte das Haus – mit allen seinen Schwächen – schließlich am besten. Mit anderen Worten: Er erledigte das Geschäft der Käufer, indem er ihnen Argumente gegen den Kauf bzw. für einen niedrigen Preis „frei Haus" lieferte.

Dies Beispiel ist exemplarisch für zu viel Produktwissen: Es verunsichert im Verkaufsprozess. Der Vertriebler hat in einem solchen Fall oft zu viel Verständnis für Bedenken und Einwände, die er selbst am besten kennt. Wie kann er, trotz all der Schwächen des Produkts, einen hohen Preis dafür verlangen? Dazu kommt noch ein anderer Aspekt. Produktferne Vertriebler versprechen im Verkaufsprozess häufig sehr viel. Das können sie nur, weil sie nicht genau wissen, wie kompliziert und aufwendig scheinbar kleine Anpassungen des Produktes sind. Diese Haltung kommt im Verkaufsgespräch jedoch gut an. Der Produktexperte reagiert bei solchen Fragen zurückhaltend, denn er kennt die damit verbundenen Probleme nur zu gut. So eine Herangehensweise wirkt im Verkaufsgespräch hingegen nicht allzu gut. Insbesondere in der frühen Phase des Verkaufsprozesses kann durch diese Zurückhaltung die Begeisterung des Kunden ausgebremst werden. Ob das gewünschte neue Feature hinterher tatsächlich gebraucht wird, spielt erst einmal keine Rolle.

Nun drängt sich die Frage auf: Wie viel Expertenwissen braucht denn der Vertriebler? Darauf eine allgemeingültige Antwort zu geben ist unmöglich. Das hängt vom Produkt, von der Vertriebsorganisation, vom Preis und vielen anderen Faktoren ab. In Abwandlung eines Zitates von Hans-Magnus Enzensberger kann man nur Folgendes sagen: „So viel wie nötig und so wenig wie möglich!"

## 1.4 Geld: Wichtig, aber nur gezielt

Geld ist der wichtigste, aber nicht der einzige Motivationsfaktor im Vertrieb. Das zeigt ein Beispiel eines großen Unternehmens aus der Verkehrsbranche. Der dortige Geschäftskundenvertrieb kann wegen einer Betriebsvereinbarung nicht provisioniert werden. Was tun? Das Management dieses Unternehmensbereiches hat ein sehr differenziertes Alternativmodell entwickelt. Statt Geld gibt es andere Mehrwerte: einen zusätzlichen Tag die Woche Homeoffice statt Büro, zusätzliche Urlaubstage, verkürzte Arbeitszeit ohne Lohnausfall und anderes mehr.

Das Beispiel zeigt, dass nicht nur Geld motiviert. Auch manche Vertriebler wollen vielleicht lieber mehr Urlaub haben als mehr Geld. Zwar ist Geld ein mächtiges, nie aber das alleinige Mittel, um Vertrieb erfolgreich zu machen. Lob, Anerkennung, selbstbestimmtes Arbeiten und – besonders in kleineren Firmen – die Identifikation mit dem Unternehmen sind Treibstoff für den Vertriebserfolg. Vertriebler sind und bleiben zu guter Letzt Menschen mit Emotionen. Der Taschenrechner im Kopf ist ein Faktor, der genutzt werden kann, der Einfluss der sogenannten „weichen" Faktoren ist aber gerade für kleine und mittelständische Unternehmen wichtig. Finanziell kann IBM oder Bayer jeden erfolgreichen Vertriebler von den „Kleinen" abwerben. Wenn es aber um Identifikation, „Heimatgefühl" oder Verbundenheit geht, dann wird es schwieriger.

Gerade in Bezug auf Geld werden aber auch die größten Dummheiten gemacht. Oft erleben Unternehmer, dass sich Vertriebler bewerben und hohe Festgehälter verlangen, und leider denken sie dann „Wenn er so viel verlangt, dann muss er es auch wert sein!" In einem Fall bekam ein Vertriebsmitarbeiter eines Softwareunternehmens 90.000 € Jahresgehalt, dazu einen minimalen erfolgsorientierten Anteil von 4500 €, sprich 5 % pro Jahr. Das ist absurd. Hier wird die Grundregel auf den Kopf gestellt. Wenn ein Vertriebsmitarbeiter ein hohes Fixum und ein niedriges variables Einkommen verlangt, dann ist er Beamter und kein Vertriebler. Im genannten Fall hat sich das Unternehmen nach einem Jahr von dem Mitarbeiter getrennt und die 90.000 € waren verloren, ohne Ertrag!

# 1 Mythos 1: Vertriebsmitarbeiter sehen gut aus, sind hartnäckig …

Andersherum wird ein Schuh daraus! Ein Vertriebler will normalerweise viel Geld verdienen. Ein hoher, attraktiver variabler Anteil motiviert ihn, z. B. 24.000 € Fixum und 90.000 € variabel. Der variable Anteil ist idealerweise nicht nach oben gedeckelt. Anschaulich wird das im folgenden Beispiel:

| Generierter Jahresumsatz des Vertrieblers | 1.500.000 € |
|---|---|
| **Kosten** | |
| Leistungserbringung für Produkte | 700.000 € |
| Fixum Vertrieb | 24.000 € |
| 20 % Provision Vertrieb | 140.000 € |
| **Ertrag Unternehmen** | **636.000 €** |

Das Unternehmen verdient gut, der Vertriebler verdient gut. Wo ist das Problem? Verdient der Vertriebsmitarbeiter mehr als der Chef? Ist letzterer auch Eigentümer, kann es ihm egal sein, denn er verdient daran mit. Ist er kein Eigentümer, dann sollte auch er schleunigst einen variablen Anteil erhalten, und dann kann es ihm auch egal sein. Im Gegenteil, es ist sogar zu seinen Gunsten. Natürlich ist das ein simples Modell, aber es zeigt die Grundprinzipien. Richtige Vertriebler haben einen Taschenrechner im Kopf und kalkulieren stets, was sie von den Verkäufen haben. Geld als Motivationsfaktor macht nur Sinn, wenn es motivierend eingesetzt wird.

Wie hoch Fixum und variabler Anteil sein sollten, kann nur von Fall zu Fall entschieden werden. Branche, allgemeine Marktsituation, Ertragskraft und Produkte sind die Einflussfaktoren des Unternehmens. Wenn die Aufgabe eines neuen Vertrieblers lautet „Generiere neue Kunden", kann man ihn sicher nicht mit 1000 € im Monat abspeisen und darauf hoffen, dass er den Rest durch Verkaufsprovision hinzuverdient. Zu Anfang wird er kaum Aufträge generieren können. Solche Aspekte müssen berücksichtigt werden. Dann können beispielsweise auch die vorbereitenden Aufgaben provisioniert werden, z. B. Adressgenerierung, Kontaktaufnahmen oder Ähnliches.

Alter, Erfahrung und mitgebrachte Kunden sind persönliche Faktoren des Vertrieblers. Ein junger, motivierter Berufseinsteiger muss anders behandelt werden als ein altgedienter Hase. Differenzierungen und Übergangsfristen machen durchaus Sinn. Als Faustregel kann man sagen: Vom Fixum sollte der Vertriebler vernünftig leben können – nicht im Luxus, aber auch nicht in Armut. Vom variablen Anteil sollte er blendend leben können.

**Fazit**

- Verabschieden Sie sich von Äußerlichkeiten und besonders von dem Gedanken, ein Vertriebsmitarbeiter müsse ein guter Selbstdarsteller sein. Achten Sie auf die Gesprächsführung und darauf, dass der variable Anteil des Gehalts für den Mitarbeiter wichtig ist.
- Es gibt – insbesondere im B2B – nicht *die* eine Verkäuferpersönlichkeit. Viele Wege können zum Erfolg führen.
- Fachexperten sind keine guten Verkäufer, auch wenn Fachkenntnis – besonders im technischen Bereich – unumgänglich ist. Das richtige Maß zu finden, darauf kommt es an.
- Anreize müssen attraktiv sein, nur dann sind sie motivierend. Das gilt ganz besonders im Vertrieb. Gestalten Sie den variablen Gehaltsanteil des Vertriebs so, dass der Vertriebler die Eurozeichen im Auge hat. Realismus ist dafür die Voraussetzung.

# 2
# Mythos 2: Vertriebler laufen von alleine

**Zusammenfassung** Wenn Sie einen Vertrieb neu aufbauen oder den bestehenden Vertrieb optimieren wollen, unterliegen Sie nicht dem Irrtum, dass das eine Arbeitsentlastungsmaßnahme wird. Beides bedeutet erst einmal mehr Arbeit. Die allermeisten Menschen – und dazu gehören auch Vertriebsmitarbeiter – haben einen ausgeprägten Hang zur Bequemlichkeit. Ohne diesen Drang wären weder Wagenräder noch Verbrennungsmotoren erfunden worden. Menschen neigen dazu, den Weg des geringsten Widerstands zu gehen. Deswegen ist Führung oder besser gesagt Steuerung im Vertrieb unerlässlich. Vertriebsmitarbeiter, die nicht regelmäßig reporten und an ihren Zielen gemessen werden, bringen keinen Ertrag. Einen erfolgreichen Vertrieb sicherzustellen, ist die Aufgabe des Managements, und diesen zu entwickeln und umzusetzen ist Arbeit, viel Arbeit. Wer annimmt, diese Arbeit hätte keine so hohe Priorität und darauf könne auch mal verzichtet werden, sollte besser gar nicht erst damit anfangen. Im diesem Kapitel erfahren Sie, wie so eine Steuerung gestaltet werden kann und worauf Sie dabei achten müssen.

So stellen sich manche Unternehmer den perfekten Vertrieb vor: Ein kleines Team von Vertriebsmitarbeitern fährt den ganzen Tag mit dem Auto umher, um Kunden zu besuchen. Beim besten Italiener der

Stadt gehen sie mit dem Kunden essen (dafür gibt es ein umfangreiches Spesenkonto), machen dort die Aufträge fest, kommen einen Tag die Woche ins Büro, um zu schauen welche Aufträge reingekommen sind, und sind dann wieder unterwegs. Dafür kassieren sie viel Geld und alle zwei Jahre ein teures, neues Auto. Wenn es besonders gut läuft, bekommt der Mann (natürlich ist es immer ein Mann) zu Weihnachten noch eine teure Rolex geschenkt.

Soweit die unrealistische Variante. Realistischer klingen schon die folgenden Gedanken eines Unternehmers:

> Ich habe so viele hervorragende Kontakte, die kann ich gar nicht alle abarbeiten. Wenn ich den CEO von Firma ABC anrufe, bekomme ich direkt einen Termin, aber ich habe keine Zeit dafür. Meine Produkte verkaufen sich von selbst. Das merke ich, wenn ich mit meinen Kunden spreche. Das kann für jemand anderes nicht so schwer sein. Wir haben exzellente Produktunterlagen und perfekte Präsentationen. Also ich stelle jemanden ein, der in meinem Namen die ganzen Leute anruft, und er macht dann die Akquisition. Der Mann wird gut bezahlt und ist dadurch motiviert. Er ist gut ausgebildet, läuft von alleine und ich kann mich um die wirklich wichtigen Dinge kümmern.

So oder so ähnlich sieht die realistische Variante der Illusion aus. Der Wunsch nach Entlastung ist groß und ein häufiges Motiv für die Einstellung eines Vertriebsmitarbeiters. Leider sind hier wieder mehrere Denkfehler:

> **Denkanstöße**
> - Kontakte können niemals „ganz einfach" übertragen werden. Kontakte sind persönlich und die Übertragung auf andere ist nahezu unmöglich. Jeder hat einen besten Freund, aber würde irgendjemand auf die Idee kommen, dass man diese Freundschaft per Dekret auf andere übertragen kann? Wohl kaum. Nicht viel anders verhält es sich mit den „guten Kontakten" im Business.
> - Für den neuen Vertriebsmitarbeiter ist das Produkt unbekannt, er kennt nicht all die Fallstricke im Verkaufsgespräch. Die üblichen Fragen, Einwände, Vorwände und Bedenken sind dem Neuen nicht vertraut. Diese fehlende Erfahrung ist eklatant. Die jahrelange Erfahrung aus Verkaufsgesprächen wird unterschätzt.

> - Selbst die perfektesten Unterlagen nutzen nichts, wenn man noch nicht mit ihnen gearbeitet hat. Die besten Unterlagen sind die, die man selber erstellt hat, denn nur sie sind auf das eigene Denken und Sprechen abgestimmt. Natürlich kann man sich in die Denkweise anderer hineinarbeiten, aber es braucht Zeit. Außerdem: Prospekte und Broschüren werden generell überschätzt, denn die wenigsten werden gelesen.
> - Der schlimmste Denkfehler von allen ist aber: „Der Vertriebler läuft von alleine!" Vertrieb läuft niemals von alleine, weil Vertriebler auch nur Menschen sind. Menschen aber sind von Natur aus bequem. Deshalb bedeutet ein neuer Vertriebsmitarbeiter erst einmal: Mehr Arbeit, keine Entlastung!

Die Bedeutung der Vertriebssteuerung kann nicht hoch genug angesetzt werden. Gerade diese Aufgabe wird aber in KMU unterschätzt. Ohne Steuerung treibt der Vertrieb wie ein Schiff ohne Antrieb irgendwohin, aber nicht zu mehr Umsatz. Um Vertrieb zu steuern, gilt es, klare Prozesse zu definieren. Was sind die Ziele, mit welcher Strategie sollen sie erreicht werden? Welche Aufgaben müssen erledigt werden? Wie wird dieser Prozess überwacht, angepasst und gesteuert? Was tun, wenn es nicht so läuft wie geplant? Diese Fragen werden jetzt beantwortet.

## 2.1 Ziele: Ohne geht gar nichts

Ziele sind ein sehr wichtiger Faktor, denn sie

- geben zu jedem Zeitpunkt eine Richtschnur, an der sich der Handelnde orientieren kann,
- sind der Maßstab, um zu überprüfen, an welcher Stelle des Weges man steht.

Vertriebsmitarbeiter brauchen klare Ziele. Ein verbreitetes Modell zur Zielsetzung ist SMART, das beschreibt, nach welchem Prinzip Ziele formuliert sein sollten:

- **S**impel & **S**teuerbar
- **M**essbar
- **A**ttraktiv
- **R**ealistisch
- **T**erminiert

SMARTe Ziele festzulegen ist schwer, weil man einfach denken muss. Wie schwer das ist, zeigt folgende kleine Übung aus Vertriebsseminaren.

> **Beispiel**
>
> Stellen Sie sich vor, Sie sind Vertriebsmitarbeiter eines großen Druckmaschinenherstellers. Der Hersteller produziert Druckstraßen für 10 Mio. € das Stück. Sie haben einen ersten Termin bei einem neuen Kunden.
> - Trainer: „Was ist Ihr Ziel?"
> - Teilnehmer: „Die Druckstraße verkaufen."
> - Trainer: „Prima, bekommen Sie das im ersten Gespräch hin?"
> - Teilnehmer: „Nein, natürlich nicht."
> - Trainer: „Was ist dann Ihr SMARTes Ziel für das erste Gespräch?"
> - Die häufigste Antwort lautet ungefähr so: „Ich will beim Kunden einen guten Eindruck hinterlassen."
>
> Was für eine Vorstellung: Der Vertriebler verlässt das Gespräch, klopft sich auf die Schulter und berichtet seinem Chef: „Ich habe einen tollen Eindruck hinterlassen." Leider, so stellt sich dann heraus, will der Kunde den Vertriebler danach nicht mehr sehen. Der Mitarbeiter hat sich in seiner Einschätzung geirrt. Durchaus menschlich, aber fatal.

Um Vertriebsziele zu definieren, sollten zuerst zwei unterschiedliche Zieldimensionen definiert werden.

1. **Leitziel:** Bei der Zielsetzung gibt es zum einen das weiter entfernt liegende Ziel, hier Leitziel genannt. Das Leitziel gibt an, was das allgemeine Ziel von unterschiedlichen Aktivitäten ist. Der Zeithorizont ist dabei weiter entfernt. Es ist in aller Regel leicht zu formulieren. Im Fall des Druckmaschinenherstellers könnte das Leitziel lauten: „Ich will innerhalb des nächsten Jahres diesem Kunden die Druckmaschine für 10 Mio. € verkaufen." Das Ziel ist

- simpel (jeder versteht es),
- messbar (man kann es mit ja oder nein beantworten),
- attraktiv (Der Vertriebsmitarbeiter kann sich bereits die Provision ausrechnen),
- realistisch (sicher),
- terminiert (innerhalb eines Jahres).

**2. Subziel:** Vielleicht wichtiger als das Leitziel, ist zum anderen die Definition der Subziele. Subziele sind die einzelnen Schritte, die zur Erreichung des Leitziels benötigt werden. Der Zeithorizont bezieht sich auf den aktuellen Schritt, mit dem man sich dem Leitziel nähert. Im Beispiel lautet das Ziel vielleicht: „Am Ende des Gesprächs will ich einen nächsten Termin vereinbart haben." Das Ziel ist

- simpel und steuerbar (denn man kann im Gespräch darauf hinarbeiten),
- messbar (denn es ist eindeutig, ob das Ziel erreicht wurde oder nicht),
- attraktiv (denn es bringt mich dem Leitziel einen Schritt näher),
- realistisch (mehr kann als Ergebnis kaum erwartet werden),
- terminiert (am Ende des Gesprächs).

Zusammengefasst und allgemein formuliert, sieht das SMART-Prinzip folgendermaßen aus.

---

**Das SMART-Prinzip**

1. **Simpel & Steuerbar**
   - Ist das Ziel einfach formuliert und von Ihnen/Ihrem Mitarbeiter zu steuern?
   - Menschen denken in aller Regel nicht kompliziert, einfache Ziele sind einfacher zu behalten und das ist wichtig.
2. **Messbar (Evidenzkriterium)**
   - Woran erkennen Sie, dass das Ziel erreicht wurde?
   - Zugegeben, das ist der Knackpunkt bei der Zielformulierung, denn leider gibt es immer Fälle, wo die Messbarkeit der Zielerreichung schwer oder gar nicht möglich ist.

3. **Attraktiv**
   - Ist Ihr Mitarbeiter bereit, sich dafür zu engagieren und sich einzubringen?
   - Wenn ein Ziel nicht attraktiv ist, werden sich Menschen nicht dafür engagieren.
4. **Realistisch**
   - Liegt das Ziel im Bereich des Möglichen? Ist es machbar?
   - Auch hier gibt es ein kleines Dilemma. Im Vertrieb sollten die Ziele immer etwas höher liegen, als realistisch ist. Die Betonung liegt dabei auf „etwas". Ziele, die eindeutig unrealistisch sind, führen dazu, dass Menschen sich gar nicht erst dafür engagieren. Das „etwas" kann jedoch sehr unterschiedlich sein.
5. **Terminiert**
   - Wann genau soll das Ziel erreicht sein?
   - Vielleicht die einfachste Regel nicht „irgendwann", sondern ein konkreter Zeitpunkt.

Es empfiehlt sich, die Ziele aufzuschreiben. Das führt nicht nur dazu, dass die Ziele dokumentiert sind und von allen Beteiligten hinterher überprüft werden können, sondern durch das Aufschreiben wird deutlich, ob sie wirklich SMART sind.

Es ist wichtig zu beachten, dass, wie im richtigen Leben, niemals alle Ziele erreicht werden. Manchmal verschieben sich auch Ziele innerhalb der Aktivitäten (die sogenannten Clausewitzschen Friktionen). So kann das Ergebnis des obigen Beispiels sein, dass kein neuer Termin vereinbart wurde (Ziel nicht erreicht). Wenn dies aber geschieht, weil der nächste Termin mit dem Vorgesetzten des Kunden stattfinden soll, dann ist das Ergebnis besser als erwartet.

Die Frage, die sich jetzt stellt, ist: Wie definiert man die Vertriebsziele für die Vertriebsmitarbeiter? Natürlich kann man die Pi-mal-Daumen-Variante wählen, empfehlenswert ist das nicht. In großen Unternehmen gibt es ein ausgefuchstes Kennzahlensystem, das bei der Festlegung von Vertriebszielen hilfreich ist. Ob so ein System KMU weiterbringt, darf bezweifelt werden, in jedem Fall ist aber der Aufwand dafür ohnehin sehr hoch und von KMU kaum zu stemmen.

Für das folgende Modell benötigt man lediglich zwei relativ einfach zu ermittelnde Kennzahlen. Mit diesen beiden Kennzahlen lässt sich ein sehr mächtiges Analysetool, die Vertriebsaufwandsanalyse (siehe Abb. 2.1),

|  | 2018 |
|---|---|
| 1 Umsatzziel p. a. | 5.000.000 € |
| 2 automatisch eingehende Aufträge | 1.000.000 € |
| 3 **Akquisitionsziel** | **4.000.000 €** |
| 4 durchschnittliches Auftragsvolumen | 40.000 € |
| 5 durchschnittliche Trefferquote | 25% |
| 6 **Erforderliches Angebotsvolumen** | **16.000.000 €** |
| 7 Erforderliche Anzahl Angebote mit durchschnittlichem Angebotsvolumen | 400 |
| Durchschnittliche Anzahl Angebote pro Woche | 8 |
| 8 Anzahl Verkaufsgespräche beim Kunden für ein Angebot | 1 |
| 9 Erforderliche Anzahl Verkaufsgespräche für erforderliches Angebotsvolumen | 400 |
| 10 Erforderliche qualifizierte Kundenkontakte für Termin Verkaufsgespräch | 5 |
| 11 Erforderliche Anzahl qualifizierter Kontakte | 2.000 |
| 12 Anzahl Verkaufsgespräche pro Tag | 1 |
| 13 Arbeitstage p.a. | 220 |
| 14 **Anzahl Vertriebsmitarbeiter** | **1,82** |

**Abb. 2.1** Vertriebsaufwandsanalyse

erstellen. Mächtig deshalb, weil sich sehr viele Schlussfolgerungen aus dieser Analyse ziehen lassen. Die Vertriebsaufwandsanalyse hilft bei

- der Mitarbeiterführung mit Zielen Abschn. 2.1,
- der Entwicklung einer Vertriebsstrategie Abschn. 2.2,
- dem Aufbau der Vertriebsorganisation Abschn. 2.3,
- der Steuerung des Vertriebs Abschn. 2.5 und
- der Planung von Gegenmaßnahmen bei Zielabweichung Abschn. 2.6.

Am obigen Beispiel soll das Tool erläutert werden. Angenommen, das Umsatzziel liegt bei 5 Mio. € für das Jahr 2018. Erfahrungsgemäß kommen 20 % dieser Summe automatisch durch Bestandskunden herein. Es bleibt also ein Akquisitionsziel von 4 Mio. € übrig. Jetzt sind die zwei Kennzahlen aus dem Vertriebscontrolling erforderlich:

- das durchschnittliche *Angebotsvolumen*, d. h. die Nettosumme aller Angebote dividiert durch die Anzahl der Angebote des letzten Jahres. Im Beispiel sind das 40.000 €.
- die durchschnittliche *Angebotsannahmequote*, d. h. wie viele Angebote wurden geschrieben und wie viele davon sind angenommen worden. Im Beispiel oben wurde jedes vierte Angebot angenommen, also 25 %.

Aus dieser Vertriebsaufwandsanalyse lassen sich nun die folgenden Schlüsse ziehen:

1. Wenn nur jedes vierte Angebot angenommen wird (und sich daran nichts ändert), müssen Angebote in Höhe von 16 Mio. € geschrieben werden, um das gewünschte Akquisitionsziel zu erreichen. D. h. es müssen durchschnittlich pro Monat Angebote in Höhe von ca. 1,3 Mio. € erstellt werden. Anders gesagt sind das pro Jahr 400 und pro Monat ca. 33 Angebote mit durchschnittlichem Auftragsvolumen. Heruntergerechnet auf einen Arbeitstag beläuft sich die Zahl täglich auf ca. 1,5 Angebote.
2. Um überhaupt ein Angebot platzieren zu können, braucht man einen Gesprächstermin mit dem Kunden. In diesem Fall wird nach einem Verkaufsgespräch immer auch ein Angebot erstellt, d. h. ein Verkaufsgespräch entspricht einem Angebot. Es werden also 400 Gesprächstermine gebraucht, um auf das erforderliche Angebotsvolumen zu kommen. Wie kommt man nun an die 400 Gesprächstermine?
3. Dazu werden qualifizierte Kontakte in der Zielgruppe benötigt. Meistens weiß man ungefähr, wie viele qualifizierte Kontakte benötigt werden, um auf einen Gesprächstermin zu bekommen. In unserem Fall nehmen wir an, dass fünf Kontakte erforderlich sind, um einen Gesprächstermin zu erlangen. Wenn die Zahl nicht bekannt ist, wird einfach eine realistische Zahl angenommen. Jetzt ist klar, dass man insgesamt 2000 qualifizierte Adressen benötigt, um das Akquisitionsziel zu erreichen.
4. Durchschnittlich schafft ein Mitarbeiter einen Kundentermin am Tag (dies lässt sich dem Vertriebscontrolling entnehmen oder man

nutzt den Erfahrungswert). Mit anderen Worten: Es werden zwei Vertriebsmitarbeiter gebraucht, die durchschnittlich jeden Tag einen Kundentermin wahrnehmen.

Bingo! Was wir hier gemacht haben, ist aus einem Leitziel (Umsatzziel) operative Subziele (Termine pro Tag, Angebote pro Woche, erforderliche qualifizierte Kontakte etc.) zu entwickeln. Die Leitziele müssen nun mit den beiden Vertriebsmitarbeitern verhandelt werden. Es stellt sich die Frage: Wie viel Umsatz macht er in diesem Jahr? Mit der Vertriebsaufwandsanalyse ergeben sich daraus die täglichen/wöchentlichen/monatlichen Subziele für jeden Mitarbeiter. Darüber hinaus lassen sich strategische und organisatorische Schlussfolgerungen aus der Analyse ziehen.

## 2.2 Strategie: Macht Sinn

Zuerst einmal stellt sich die Frage: Welche Parameter lassen sich am einfachsten steigern? Je nach Antwort hat dies strategische Folgen.

1. **Option:** Lässt sich der Anteil der automatisch eingehenden Aufträge steigern?
   In dem obigen Fall belaufen sie sich auf gerade einmal 25 %. Das bedeutet einen hohen Akquisitionsaufwand. Welche Stellschrauben gibt es, um den Anteil zu erhöhen? Mehr Kundenservice? Häufigere Kundeninformation? Neue Produktreleases? Service-Verträge? Mehr Werbung? Sieh dazu auch Abschn. 4.4.
2. **Option:** Kann das durchschnittliche Auftragsvolumen gesteigert werden?
   Bei einer Steigerung um 10.000 € pro Angebot lässt sich der Aufwand deutlich reduzieren. Was kann dafür getan werden? Preise zu erhöhen ist nicht die einzige Antwort. Cross-Selling ist hier ein Zauberwort. Mehr dazu in Abschn. 3.6.5.
3. **Option:** Kann die Angebotsannahmequote erhöht werden?
   Hier findet sich ein großer Hebel. Bei einer Steigerung der Angebotsannahmequote um 5 % sinkt die Zahl der erforderlichen Angebote um satte 17 %. Helfen vielleicht ausführlichere Angebote?

Die Fokussierung auf den Kundennutzen? Oder telefonische Erläuterungen?

4. **Option:** Kann der Vertriebsaufwand durch andere Vertriebswege reduziert werden und können dadurch mehr Vertriebskapazitäten geschaffen werden? Macht z. B. telefonische Beratung statt Vor-Ort-Terminen Sinn? Oder Online-Vertrieb? Der Einsatz von Vertriebspartnern, z. B. Handelsvertretern?
5. **Option:** Kann durch eine Preisanpassung einer der Faktoren so geändert werden, dass der Erfolg gesteigert wird? Aber Vorsicht, zwar verkauft es sich vielleicht (!) leichter, wenn das Produkt preiswerter ist, aber Umsatz ist kein Gewinn. Preissenkungen sind eine zweischneidige Angelegenheit (s. Abb. 2.2).

Will man nach einer Preissenkung von nur 5 % den gleichen Deckungsbeitrag wie vor der Preissenkung erzielen, benötigt man ca. 20 % mehr Verkäufe. Die Angebotsannahmequote müsste auf 36 % steigen! Soll das wirklich durch die Preissenkung erreicht werden? Vielleicht sollte man das Pferd besser von hinten aufzäumen und statt Preissenkung eine Preiserhöhung von 5 % durchführen. Der Aufwand sinkt deutlich! (siehe auch Abschn. 4.3).

|  | Normalpreis | Preissenkung um 5% | Preiserhöhung um 5% |
|---|---|---|---|
| Verkaufspreis/Stück | 40.000 € | 38.000 € | 42.000 € |
| Kosten/Stück | 30.000 € | 30.000 € | 30.000 € |
| Deckungsbeitrag | 10.000 € | 8.000 € | 12.000 € |
| Deckungsbeitrag in % | 25% | 20% | 30% |
| Umsatzziel | 5.000.000 € | 5.937.500 € | 4.375.000 € |
| Ergebnisziel | 1.250.000 € | 1.250.000 € | 1.250.000 € |
| Erforderliche Stückzahl | 125 | 156 | 104 |
| Mehraufwand |  | 20% | -20% |

**Abb. 2.2** Preissenkung versus Preiserhöhung

Alle diese Optionen sind strategische Fragen und keine, die der Vertriebler beantworten kann. Entscheidungen für die eine oder andere Option haben weitreichende Folgen für das Unternehmen, deshalb gehören diese ins Management.

## 2.3 Organisation: Ist individuell

Auch organisatorische Konsequenzen können aus der Vertriebsaufwandsanalyse gezogen werden. Kommen wir noch einmal darauf zurück (s. Abb. 2.1).

**Beispiel 1**
Bei der Zahl der Angebote handelt es sich nicht um reine Fließbandtätigkeiten, aber um diese Ziele zu erreichen, braucht es eine straffe Ablauforganisation (s. Abb. 2.3).

Jeder dieser Punkte sollte halb standardisiert sein. Folgende Fragen stellen sich: Sollen die Vertriebsmitarbeiter Kontaktqualifizierung und/ oder Terminvereinbarungen übernehmen? Oder ist es effektiver, das durch Aushilfen, Callcenter oder einen Vertriebsinnendienst erledigen zu lassen? Bei 400 Angeboten im Jahr (pro Arbeitstag also ungefähr zwei), sollten diese schnell aus Text-Bausteinen erstellt werden können. Viele Unternehmen wenden ein, dass die Individualität der Angebote ein Markenzeichen sei. Das wird fast immer überschätzt. Allerdings gilt auch in diesem Fall: ein System sinnvoller und hilfreicher Angebotsbausteine zu erstellen ist viel Arbeit, die man nicht nebenher macht. Eine weitere Frage lautet: Wie oft und wie häufig sollten Steuerungssitzungen für den Vertrieb stattfinden? Im Beispiel oben machen wöchentliche Sitzungen Sinn.

Abb. 2.3 Elemente des Vertriebsprozesses

**Beispiel 2**
Der Vertriebsprozess ändert sich nicht grundsätzlich, aber im Detail, wenn sich Parameter der Vertriebsaufwandsanalyse verschieben. Es ändert sich dann auch die Art des Vertriebs. Im Beispiel in Abb. 2.4 beläuft sich das durchschnittliche Auftragsvolumen auf 250.000 €.

Hier qualifizierte Kontakte zu generieren ist viel aufwendiger (z. B. durch Networking), aber dafür braucht man relativ wenige. Der Betreuungsaufwand pro Kunde hingegen ist viel größer. Eine Standardisierung der Angebote ist kaum möglich. Wöchentliche Steuerungsmeetings machen keinen Sinn. Der Vertriebsmitarbeiter braucht viel mehr Freiraum und ist im Übrigen auch schwerer austauschbar.

| | | 2018 |
|---|---|---|
| 1 | Umsatzziel p. a. | 5.000.000 € |
| 2 | automatisch eingehende Aufträge | - € |
| 3 | **Akquisitionsziel** | 5.000.000 € |
| 4 | durchschnittliches Auftragsvolumen | 250.000 € |
| 5 | durchschnittliche Trefferquote | 75% |
| 6 | **Erforderliches Angebotsvolumen** | 6.666.667 € |
| 7 | Erforderliche Anzahl Angebote mit durchschnittlichem Angebotsvolumen | 27 |
| | Durchschnittliche Anzahl Angebote pro Woche | 1 |
| 8 | Anzahl Verkaufsgespräche beim Kunden für ein Angebot | 5 |
| 9 | Erforderliche Anzahl Verkaufsgespräche für erforderliches Angebotsvolumen | 133 |
| 10 | Erforderliche qualifizierte Kundenkontakte für Termin Verkaufsgespräch | 2 |
| 11 | Erforderliche Anzahl qualifizierter Kontakte | 53 |

**Abb. 2.4** Vertriebsaufwandsanalyse mit hohem Angebotsvolumen

## Beispiel 3

Noch einmal anders sieht es bei einem durchschnittlichen Auftragsvolumen von nur 1000 € aus (s. Abb. 2.5).

Der Vertriebsprozess muss in diesem Fall zwingend hochstandardisiert sein. Kundenbesuche sind nicht machbar. Der Prozess muss im Callcenter oder online abgebildet werden. Angebote sollten innerhalb einer Minute erstellt werden können. Der Vertriebsmitarbeiter wird dabei in ein enges Korsett gesteckt und hat nur wenige Gestaltungsspielräume. Das Vertriebscontrolling sollte täglich stattfinden. Nicht zuletzt muss die Bereitstellung der qualifizierten Kontakte durch eine spezialisierte Abteilung erfolgen.

Anhand dieser drei Beispiele wird deutlich: Es gibt nicht die eine Lösung für den Vertrieb. Vertrieb ist so verschieden wie die Produkte, die verkauft werden, und die Menschen, die daran beteiligt sind.

|   |   | 2018 |
|---|---|---|
| 1 | Umsatzziel p. a. | 5.000.000 € |
| 2 | automatisch eingehende Aufträge | 2.000.000 € |
| 3 | **Akquisitionsziel** | **3.000.000 €** |
| 4 | durchschnittliches Auftragsvolumen | 1.000 € |
| 5 | durchschnittliche Trefferquote | 50% |
| 6 | **Erforderliches Angebotsvolumen** | **6.000.000 €** |
| 7 | Erforderliche Anzahl Angebote mit durchschnittlichem Angebotsvolumen | 6.000 |
| 8 | Anzahl Verkaufsgespräche beim Kunden für ein Angebot | 1 |
| 9 | Erforderliche Anzahl Verkaufsgespräche für erforderliches Angebotsvolumen | 6.000 |
| 12 | Anzahl Verkaufsgespräche pro Tag | 10 |
| 13 | Arbeitstage p.a. | 220 |
| 14 | Anzahl Vertriebsmitarbeiter | 2,73 |

**Abb. 2.5** Vertriebsaufwandsanalyse mit niedrigem Angebotsvolumen

## 2.4 Aufgaben: Sind notwendig

Eine der wichtigsten Vertriebsgrundlagen ist eine Kunden- und Interessentenliste, heute auch CRM (Customer Relationship Management) genannt. Es gibt einfache und hochkomplexe CRM-Systeme. Aber das beste System nutzt überhaupt nichts, wenn die Daten nicht sauber gepflegt sind. In vielen Unternehmen gehört es zur bitteren Wahrheit, dass die Daten für Vertriebsprozesse (sowohl in Hinsicht auf die Auswertung als auch für Kontaktaufnahme) nahezu unbrauchbar sind. Ein teures, hochkomplexes CRM-System einzuführen macht keinen Sinn, wenn nicht vorher die Daten aufbereitet worden sind. Diese Wahrheit wird meistens erst im Laufe der Implementierung des Systems deutlich und treibt die Kosten in unerwartete Höhen. Also warum nicht erst einmal die Daten aufbereiten, sehen was das bewirkt und dann das neue CRM einführen? Möglicherweise kommt dabei sogar heraus, dass eine schlankere und preiswerte Lösung sinnvoller ist.

Qualifizierte, gut gepflegte Kontaktdaten haben eine kaum zu überschätzende Bedeutung für erfolgreichen Vertrieb. Deshalb ist es eine ideale Aufgabe für einen neuen Vertriebsmitarbeiter, die vorhandene Datenbank aufzuräumen. Das bedeutet:

- Kontaktdaten überprüfen und korrigieren: Adresse, Ansprechpartner, Telefonnummern, E-Mail-Adressen etc., Altdaten ggf. archivieren usw.
- Redundante Daten zusammenfassen und vereinheitlichen: Oft liegen Daten in unterschiedlichen Schreibweisen vor, z. B. als Firmenname sowohl „Dr. Ing. F. Porsche AG" (offizieller Name) als auch „Porsche AG". Für solche Fälle müssen Regeln festgelegt werden, die für alle Mitarbeiter im Unternehmen gelten. Bei der Vereinheitlichung sollte man sich an praktischen Erwägungen orientieren. Üblicherweise sucht man nach „Porsche" und nicht nach „Dr. Ing....".
- Daten kategorisieren bzw. clustern: Dies ist eine Aufgabe, deren Komplexität meist unterschätzt wird. Leicht zu lösen ist noch folgendes Beispiel:

## 2 Mythos 2: Vertriebler laufen von alleine

> **Beispiel**
>
> Eine Hausverwaltung überarbeitete alle Kontaktdaten. Mieter und Eigentümer der Immobilien sind einfach zuzuordnen. Das erste Durcheinander entsteht aber bei der Zuordnung von Handwerkern: Nimmt man die Kategorie „Tischler" oder „Schreiner"? Tischler ist in Nordostdeutschland, Schreiner in Südwestdeutschland die gebräuchliche Bezeichnung. Beide sind richtig. Unterschiedliche Bezeichnungen sind jedoch kontraproduktiv, daher muss ein Standard definiert werden.
>
> Ein anderes Problem tritt auf, wenn die „Deutsche Telekom" gleichzeitig „Kunde" und „Lieferant" ist. Was tun? Sinn macht es, zwei unterschiedliche Kontakte anzulegen. Der Lieferant „Deutsche Telekom" hat nämlich in den Prozessen des Unternehmens nichts zu tun mit dem Kunden „Deutsche Telekom".

Noch schwieriger wird es, wenn es um die Festlegung von Vertriebskategorien geht. Viele unterscheiden Kontakte in „Kunde" und „Interessent", was im Prinzip sinnvoll klingt. Aber ist ein Kunde, der seit 5 Jahren nichts mehr bestellt hat, immer noch ein „Kunde"? Oder dann doch wieder ein „Interessent" – oder besser noch ein „Desinteressent"? Vor allem aber wird bei dieser Unterscheidung die menschliche Trägheit unterschätzt. Ist der Kontakt einmal angelegt, wird sich kaum jemand die Mühe machen, die Kategorie zu ändern, weil nämlich völlig unklar ist, was diese Kategorie bedeutet und welche Folgen eine Änderung hat. Für den Vertrieb empfiehlt es sich, die Kategorien an den Vertriebsprozessen zu orientieren: Welche Vertriebs- und Marketingprozesse (vgl. Abschn. 5.2) gibt es oder sollen geschaffen werden? Wie soll der Kontakt bespielt werden?

> **Beispiel**
>
> Wenn regelmäßig Newsletter (oder Prospekte) verschickt werden, sollen dann „Interessenten" und „Kunden" unterschiedlich behandelt werden? Vermutlich nicht. Weihnachtskarten an Interessenten zu verschicken ist eine interessante Idee, aber zumindest unüblich. Es ergeben sich also zwei Kategorien „Newsletter" und „Weihnachtskarte". Jeder vertriebsorientierte Mensch hat ein Interesse daran, seine Kontakte diesen Kategorien zuzuordnen.

> Möglicherweise macht es auch Sinn, „Sie"- und „Du"-Kategorien zu bilden. Eine langjährige Bekannte im Serien-Mailing mit „Sehr geehrte Frau Mustermann" anzureden ist zwar vertretbar, verbindlicher wirkt aber „Liebe Martina". Weitere Hinweise zu diesem Thema finden sich in Abschn. 3.1.

Für viele klingt diese Aufgabe so, als wäre der Aufwand zu hoch im Vergleich zum Ertrag. Der Vertriebler soll bitte verkaufen, für solche einfachen Arbeiten ist er zu teuer. Falsch! Viel teurer ist es, den Vertriebler ohne Plan zu den Kunden zu schicken oder im Büro Flyer gestalten zu lassen. Das CRM-System (oder im schlimmsten Fall eine Excel-Liste) ist sein Werkzeug. Das muss er kennenlernen, damit muss er arbeiten, das muss er schärfen. Er lernt dabei viel über die Kunden, kennt deren Namen und bekommt wichtige Basisinformationen. Als Nebeneffekt ergeben sich Effektivitätssteigerungen, denn üblicherweise ist das CRM-System im Unternehmen ungepflegt. Die Folge einer gepflegten statt einer chaotischen Datenbank sind jedoch firmenweit: weniger Fehler, schnellere Auffindbarkeit von relevanten Daten und bessere Abläufe. Das sind nicht zu unterschätzende Nebeneffekte.

> Die Planung der Datensäuberung ist keinesfalls trivial. Ein neuer Vertriebler braucht in jedem Fall Unterstützung, auch weil in vielen Fällen noch andere wichtige Informationen in den Kontaktdaten eingebunden sind (Rechnungen, Lieferungen etc.).

Ist die Datenpflege erledigt, kennt sich der neue Vertriebsmitarbeiter hervorragend mit den Bestandkunden aus, d. h. er weiß jetzt, wer beim Unternehmen welche Produkte kauft. Mit anderen Worten: Er kann die Kundengruppen beschreiben. Wenn dem so ist, kann er sich auch auf die Suche nach neuen Adressen machen. Diese werden dann seine „eigenen" Vertriebskontakte. Der Aufwand ist nicht unerheblich, denn die Erfassung und Qualifizierung *eines* neuen Kontakts dauert durchschnittlich sechs Minuten. Aber der Aufwand lohnt sich, denn je gründlicher diese Kontakte recherchiert werden, desto besser werden später die Vertriebsergebnisse sein.

Wenn die Zielgruppe möglichst präzise definiert wurde, finden sich in aller Regel im Internet Verbandseiten o. Ä. selbst für sehr exotische Zielgruppen, so z. B. der „Verband der Büchsenmacher" oder der „Verband der Mercedes-Benz-Vertreter". In der Regel finden sich auf diesen Seiten Adresslisten und/oder die Links der Mitgliedsunternehmen.

> **Kurzanleitung für die Kontaktrecherche**
> 1. Link anklicken
> 2. kurz prüfen, ob das Unternehmen wirklich zur Zielgruppe passt
> 3. ins Impressum wechseln
> 4. Impressum markieren und kopieren
> 5. Daten händisch ins CRM überführen (das geht leider nur mit „Copy and Paste")
> 6. den Namen des Geschäftsführers nicht vergessen (falls vorhanden)
> 7. Datensatz kategorisieren

Nach dieser Aufzählung wird es klarer, warum der Prozess so lange dauert. Der Weg lohnt sich, denn nun erhält man einen qualifizierten Datensatz. Manchem stellt sich an dieser Stelle die Frage: Warum kaufe ich die Datensätze nicht bei einem Adresshändler? Das geht schneller, ist billiger und ich bekomme vermutlich mehr Adressen. Die Antwort ist ganz einfach:

1. Sie bekommen diese Daten im Adresshandel niemals so qualifiziert (siehe Abschn. 3.1). Man erhält zwar schnell und vergleichsweise preiswert große Mengen von Adressen, aber in den meisten Fällen treten jedoch enorme Streuverluste auf. Im personenbezogenen Vertrieb kostet das in der Bearbeitung der Daten sehr viel Geld.
2. Vielleicht ebenso wichtig: Die mühsam nach der beschriebenen Methode erworbenen Daten sind sozusagen der „Schatz" des neuen Mitarbeiters und bekommen dadurch eine besondere Wertigkeit.

Es gibt – darauf sei hingewiesen – natürlich auch sehr gute Adressdaten zu kaufen. Die Kosten für sehr gut qualifizierte Adressen sind aber nicht unerheblich. In einem mir bekannten Fall kostete eine sehr gut recherchierte Adresse fast 10 €. Es ist also eine Abwägungsfrage, welcher Weg der sinnvollere ist.

## 2.5 Steuerung und Reports: Regelmäßig und standardisiert

Wichtig ist es, die Vertriebsziele zu operationalisieren, sie herunterzubrechen auf kleine, überschaubare, klare und eindeutig SMARTe Ziele und diese regelmäßig zu überwachen. Im Grunde genommen geht man genauso vor wie beim Projektmanagement. Es werden Meilensteine definiert, Parameter, an denen man erkennen kann, ob man auf dem richtigen Weg ist. Das ist viel Arbeit für die Verantwortlichen, insbesondere in der Vorbereitung.

**Schritt 1: Die zentralen Key Performance Indicators (KPI) identifizieren**
Dieser erste Schritt ist wichtig, weil sonst die Gefahr besteht, dass sich die Vertriebsorganisation verzettelt.

> **Beispiel**
>
> Ein Callcenter arbeitete für einen der großen Telekommunikationsanbieter, die Mitarbeiter riefen die Kunden an und verkauften Vertragsverlängerungen oder Neuverträge. Der Telekommunikationsanbieter hatte ein überdimensioniertes System von Zielquoten, Benchmarks und Qualitätskriterien. Er kommunizierte täglich mehr als 30 verschiedene Ergebnisparameter an das Callcenter. Es verwundert nicht, dass bei 30 Parametern mindestens einer immer negativ auffiel. Mal war es die Kundenzufriedenheit, mal die Abschlussrate, dann die Cross-Selling-Rate oder der Vergleich mit Wettbewerbern usw. Bei den täglichen Telefonkonferenzen mit dem Auftraggeber richtete sich das Augenmerk natürlich auf genau diesen negativen Wert.
>
> Was passierte nun im Callcenter? Die Führungskräfte eilten zu den Mitarbeitern und sagten: „Wir müssen jetzt an dem Parameter arbeiten, der gerade aus dem Ruder läuft. Konzentriert euch darauf!" Die Mitarbeiter taten, wie ihnen geheißen wurde, und schon geriet ein anderer Parameter außer Kontrolle und das Spiel begann von Neuem. Um es salopp zu sagen: Jeden Tag wurde eine andere Sau durchs Dorf getrieben. Das Ergebnis zeigt sich darin, dass alle Parameter sich zusehends verschlechterten. Das Projekt geriet in Schieflage. Um es wieder in die Spur zu bringen, brauchte es nur die Antwort auf eine einzige Frage: „Welche Parameter werden vom Auftraggeber direkt und unmittelbar bezahlt?" Das war einfach. Direkt bezahlt wurden Vertragsabschlüsse und Vertragsverlängerungen. Darauf wurde nun der Hauptfokus gelegt. Es dauerte nicht lange und das Projekt war wieder erfolgreich.

## 2 Mythos 2: Vertriebler laufen von alleine

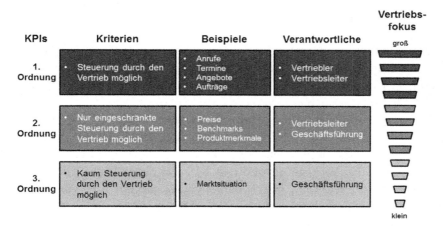

**Abb. 2.6** Key Performance Indicators

Die KPI müssen in verschiedene Ordnungen eingeteilt werden und der Fokus des Vertriebs richtet sich auf die KPI erster Ordnung. Andere KPI werden nicht aus dem Auge verloren, aber anders behandelt (s. Abb. 2.6).

Der Vertrieb muss sich auf die Aufgaben fokussieren, die er selber steuern kann. Diese müssen transparent, einfach, eindeutig und überprüfbar sein. In 80 % aller Fälle wird es sich dabei um die Anzahl der

- wahrgenommenen Kontakte, Anrufe, Termine,
- erstellten Angebote und/oder erhaltenen Aufträge,
- eingehenden Aufforderungen zur Abgabe eines Angebotes,
- gewonnenen Neukunden oder der
- Cross-Selling-Verkäufe

handeln.

Ideal – und arbeitserleichternd – ist es, wenn alle Vertriebsmitarbeiter die gleichen KPI haben.

### Schritt 2: Individuelle Ziele definieren

Mancher Unternehmer mag während der Festlegung der Vertriebsziele denken: „Wir brauchen dieses Jahr 500 Aufträge und wir haben fünf Vertriebsmitarbeiter, also übernimmt jeder Vertriebler 100 Aufträge."

Eine solche generalisierte Zielvereinbarung wird jedoch scheitern. Menschen sind Individuen, sie haben unterschiedliche Fähigkeiten und Kompetenzen und lassen sich unterschiedlich motivieren. Wenn Sie einem Mitarbeiter hohe Ziele setzen, strengt einer sich an, der andere gerät in Panik und gibt auf. Hierfür braucht es Menschenkenntnis und leider kann kein Buch der Welt diese vermitteln.

Was aber alle Vertriebsmitarbeiter brauchen, sind klare, einfache, realistische und individuelle Ziele. Die Auswahl der Zielwerte entspricht der Auswahl der KPI. Nehmen wir einmal an, Sie haben Termine, Angebote und Aufträge als zentrale KPI definiert. Dann gilt es, die individuellen Ziele für jeden Mitarbeiter festzulegen. Falls vorhanden, sollten Sie sich an den Ergebnissen der Vorjahre orientieren: Wie viele Termine hat der Mitarbeiter letztes Jahr gemacht? Wie viele Angebote hat er geschrieben? Wie viele Aufträge hat er generiert? Auf welche Gesamthöhe beliefen sie sich? Betrachten wir beispielhaft die Zielkarte von Vertriebsmitarbeiter Herrn A. (s. Abb. 2.7), abgeleitet aus dem ersten Fall der Vertriebsaufwandsanalyse (s. Abb. 2.1).

Herr A. hat im Vorjahr 100 Termine und Angebote (Termin = Angebot) mit dem durchschnittlichen Volumen von 40.000 € getätigt. Das ergab bei einer Angebotsannahmequote von 25 % 25 Aufträge mit insgesamt 1 Mio. € Umsatz. Für das neue Jahr wird nur ein Wert geändert, denn die Zahl der Termine muss gesteigert werden. Herr A. liegt mit allen anderen Werten genau im Plan, aber Termine erreicht er nicht so viele wie gewünscht. Durch diese eine Veränderung steigt sein Jahresziel automatisch auf 1,2 Mio. €. Er weiß aber nun, wo seine Baustelle liegt. Dieses Ziel kann wöchentlich oder monatlich überprüft werden. Liegt er im Plan oder nicht?

| Vertriebsmitarbeiter | Herr A. | | | |
|---|---|---|---|---|
| | Ergebnisse Vorjahr | Jahresziel | Monatsziele | Wochenziele |
| Termine | 100 | 120 | 10 | 3 |
| Anzahl Angebote | 100 | 120 | 10 | 3 |
| Gesamthöhe Angebote | 4.000.000 € | 4.800.000 € | 400.000 € | 100.000 € |
| Anzahl Aufträge | 25 | 30 | 3 | 1 |
| Gesamthöhe Aufträge | 1.000.000 € | 1.200.000 € | 100.000 € | 25.000 € |

**Abb. 2.7** Zielkarte für Herrn A

Schafft er drei Termine pro Woche oder nicht? Woran liegt es, wenn er es nicht schafft?

> In Zielkarten haben Prozentzahlen, Kommawerte oder Brüche nichts zu suchen. Nach dem SMART-Prinzip sollten die Zahlen simpel sein, also steht bei Wochenzielen 1 Auftrag und nicht 0,6 Aufträge, bei Monatszielen dafür 3 statt 3,2.

Bei der Vertriebsmitarbeiterin Frau B. sieht die Sachlage völlig anders aus (s. Abb. 2.8).

Sie macht mehr Termine als geplant, alle anderen Werte sind im Standardbereich. Für das aktuelle Jahr wird die gleiche Anzahl an Terminen gewählt. Verändert wird nur der Zielwert bezüglich der Anzahl der angenommenen Aufträge, er steigt von 55 auf 65. Damit steigt auch das geplante Umsatzziel auf 1,6 Mio. €. Auch hier werden die Ergebnisse natürlich wöchentlich berichtet und mit der Planung abgeglichen. Abweichungen vom Plan können und werden in jedem Fall auftreten (z. B. saisonale Schwankungen, Krankheit oder Urlaub der Mitarbeiterin), deswegen darf der Report kein Sanktionstermin sein, sondern muss sich um Ursachenforschung drehen.

Was sind die wahrscheinlichen Gründe für eine (negative) Zielabweichung? Viele der möglichen Ursachen kann der Vertriebsmitarbeiter gar nicht beeinflussen (z. B. konjunkturelle Einbrüche, neu auftretende Wettbewerber, Preiskampf etc.). Aber: Durch regelmäßige Reports erhält das Management des Unternehmens zeitnah einen

| Vertriebsmitarbeiter | Frau B. | | | |
|---|---|---|---|---|
| | Ergebnisse Vorjahr | Jahreziel | Monatsziele | Wochenziele |
| Termine | 220 | 220 | 18 | 5 |
| Anzahl Angebote | 220 | 220 | 18 | 5 |
| Gesamthöhe Angebote | 8.800.000 € | 8.800.000 € | 733.333 € | 183.333 € |
| Anzahl Aufträge | 55 | 65 | 5 | 1 |
| Gesamthöhe Aufträge | 2.200.000 € | 2.600.000 € | 216.667 € | 54.167 € |

**Abb. 2.8** Zielkarte für Frau B

Überblick darüber, ob der Vertrieb im Plan liegt oder nicht, und kann frühzeitig Gegenmaßnahmen veranlassen.

## 2.6 Maßnahmen: Eingreifen, aber nicht draufhauen

Nicht erreichte Ziele dürfen nicht sanktioniert werden, andernfalls läuft das Management Gefahr, keine realistischen Informationen mehr zu erhalten. Vertriebsmitarbeiter stellen die Situation gerne positiver dar, als sie ist, ohne dass es sich um bewusstes Lügen handeln muss. Durch Sanktionen aber wird dieser Effekt aber verstärkt. Ein möglichst realistischer Report hat für das Management, als auch für die Vertriebsmitarbeiter große Vorteile.

1. Die ungefilterten Informationen sind von großem Wert für das Management. Erst dadurch ist es möglich, frühzeitig Gegenmaßnahmen einzuleiten, falls die Ergebnisse hinter der Planung herhinken.
2. Der Vertriebsmitarbeiter weiß, was er zu tun hat und was er bis zum nächsten Report leisten muss. Er kennt seine Ziele und seine Ergebnisse und weiß, dass sie wichtig genommen werden.

Aus beiden Gründen muss das Reporting in kurzen Abständen erfolgen. Die Abstände orientieren sich dabei an den durchschnittlichen Verkaufserlösen und der Anzahl der Aufträge pro Jahr. Je kleiner der durchschnittliche Auftragswert, desto häufiger das Reporting. Die Angaben in Abb. 2.9 sind Orientierungsgrößen und keinesfalls in Stein gemeißelt.

Die Gespräche können im Team oder als Einzelgespräche geführt werden, das hängt vom Unternehmen und den Strukturen ab. In einigen Unternehmen erlaubt der Betriebsrat keine Veröffentlichung von individuellen Ergebnissen, dann können diese natürlich nur unter vier Augen besprochen werden. Teamgespräche machen dann Sinn, wenn der Wettbewerb zwischen den Vertriebsmitarbeitern angestachelt werden

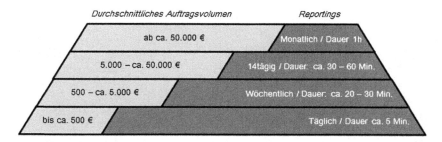

**Abb. 2.9** Reportingfrequenz

soll (was häufig Sinn macht), kosten aber viel mehr Zeit und bedürfen einer erfahrenen Führung.

Was geschieht nun, wenn ein Vertriebsmitarbeiter seine Ziele nicht erreicht? Er sollte nicht sanktioniert werden, auch dann nicht, wenn er seine Ziele verfehlt! Viele Unternehmen kommen auf die Idee, dass der Mitarbeiter dann die Ziele wie einen Berg vor sich herschieben soll, um ihn in Zukunft abzutragen. Um das zu veranschaulichen, nehmen wir ein einfaches Beispiel:

> **Beispiel**
> 
> Ein Vertriebsmitarbeiter soll jede Woche 20 Aufträge à 50 € generieren, umgerechnet sind das jeden Arbeitstag vier Aufträge oder alle zwei Arbeitsstunden ein Auftrag. Tatsächlich schafft er aber nur zehn Aufträge a 50 € und das leider dauerhaft (s. Abb. 2.10).
> 
> Geht man so vor wie beschrieben, dann muss der Mitarbeiter nach sechs Wochen 70 Aufträge in einer Woche abschließen, um seinen Berg abzuarbeiten. Nach zehn Wochen wären es bereits 100 Aufträge usw.

Wenn 20 Aufträge pro Woche realistisch waren, wird er diesen Berg niemals abtragen können. Das ist völlig unmöglich. Der „Berg-Effekt" dürfte eher das Gegenteil bewirken. Da er seine Ziele sowieso nie mehr erreichen kann, werden die Ergebnisse schlechter werden. Warum sollte er sich anstrengen, wenn das Ziel sowieso nicht erreichbar ist? Bevor die Frage beantwortet wird, wie man mit dem Berg umgeht, schauen wir noch auf ein anderes Beispiel.

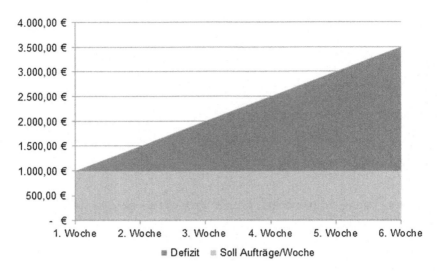

**Abb. 2.10** Kumulierte Zieldefizite

---

**Beispiel**

Das durchschnittliche Auftragsvolumen liegt – wieder am Beispiel der Vertriebsaufwandsanalyse – bei 40.000 €. Jede Woche muss ein Vertriebler durchschnittlich vier Angebote schreiben und eines davon muss angenommen werden. Was passiert, wenn der Vertriebler nur alle zwei Wochen ein angenommenes Angebot vorweist? Nun, solche statistischen Abweichungen sind normal. So etwas kann auch über mehrere Wochen hinweg passieren. Also lässt man die Uhr weiterlaufen. Der Berg wird aber immer höher: Nach zwölf Wochen müssten in einer Woche insgesamt 32 Angebote mit einem Volumen von 1,28 Mio. € geschrieben und sechs davon mit einem Wert von insgesamt 240.000 € angenommen werden. Das ist aussichtslos! Es macht Sinn – neben Ursachenforschung und Maßnahmenplanung – die Uhr nach drei Monaten wieder auf null zu stellen.

---

Bleiben die Werte dauerhaft unter den Planwerten, so ist es die Aufgabe des Managements, dieses Problem zu lösen. Dabei gibt es zwei Problemkreise:

1. Externe Faktoren, die nicht vom Vertrieb zu verantworten sind:
   - Neue oder alternative Wettbewerbsprodukte
   - Produkt ist unausgereift/instabil
   - Produkt hat schlechte Kritiken
   - Produkt ist zu innovativ (Misstrauen der Kunden)
   - Produkt ist zu teuer
   - Ende des Produktlebenszyklus/erschöpfter Markt
   - Preiskampf durch andere Anbieter
   - Kunden sind nicht erreichbar (Urlaubszeit)
   - Konjunkturelle Flaute
   - Regionale Faktoren
   - etc.

Die Ursachen für den abweichenden Absatz können hier liegen und natürlich wird jeder Vertriebler, dessen Zahlen nicht stimmen, einen dieser Aspekte als Ursache favorisieren. Das kann sein, muss es aber nicht. Finden sich aber Indizien für einen (oder mehrere) dieser Faktoren, ist das Management aufgefordert, Gegenmaßnahmen einzuleiten. Wie diese aussehen können, kann hier nicht behandelt werden, denn das geht über die Vertriebsfragen hinaus.

2. Interne Faktoren, die im Vertrieb zu suchen sind:
   - Zu wenig qualifizierte Kundenkontakte
   - Zu wenig Kundentermine
   - Schlechte/Falsche Gesprächsführung
   - Gespräche dauern zu lange
   - Zu wenig Produktkenntnisse/Fach-Know-how
   - Angebotserstellung dauert zu lange
   - Angebote sind inhaltlich schlecht
   - Angebotsannahmequote ist zu gering
   - Etc.

Wenn einer dieser Faktoren identifiziert wird, so sollte im ersten Schritt dem Kollegen Unterstützung gegeben werden. Diese Unterstützung kann ganz unterschiedliche Formen annehmen und hängt auch von der Größe der Vertriebsorganisation ab. Es sollten immer sehr klare, überschaubare Arbeits- und Lernschritte nach dem SMART-Prinzip vereinbart werden. Auch hierzu ein Beispiel:

> **Beispiel**
>
> Angenommen, das Problem besteht darin, dass die Angebotserstellung zu lange dauert. Dann kann die Aufgabe lauten: „Lege bis nächste Woche Freitag zehn Standardtextbausteine an, die für die Erstellung von Angeboten genutzt werden können." So formuliert kann die Überprüfung des Arbeitsauftrags erfolgen und falls dieser nicht erledigt wurde, können ggf. auch disziplinarische Maßnahmen ergriffen werden.

Methodisch lassen sich die Unterstützungsmaßnahmen in folgende Kategorien zusammenfassen.

- *Best Practice:* Die Erfahrungen der anderen Vertriebskollegen werden genutzt und dokumentiert und dem Mitarbeiter als neue Arbeitsweise vorgeschrieben. Er soll diesen Weg einsetzen und darüber Feedback geben, ggf. seine Erfahrungen damit zusätzlich dokumentieren.
- *Coaching:* Ein professioneller Coach, ein erfahrener Kollege oder auch der Vorgesetzte begleiten den Mitarbeiter bei seiner Tätigkeit, fahren mit ihm zum Kunden, unterstützen Telefonate, helfen bei der Erstellung von Angeboten usw.
- *Weiterbildung:* Fehlt das Fachwissen über Produkte und Leistungen, muss eine Planung erstellt werden, wie das Wissen des Kollegen erweitert werden kann.

Gleichzeitig sollte ein regelmäßiges Reporting des Mitarbeiters stattfinden. Dadurch wird sichtbar, ob die getroffenen Maßnahmen eine Wirkung erzielen oder nicht. So erhält man ein abgestimmtes System ineinandergreifender Komponenten, mit denen der Vertrieb überwacht und gesteuert werden kann.

## 2 Mythos 2: Vertriebler laufen von alleine

Läuft ein Projekt aus dem Ruder, muss die Frage gestellt werden: Woran liegt es und was können wir dagegen tun? Erforderlich ist eine Ursachenanalyse mit einem Mitarbeitergespräch und der dazugehörigen Maßnahmenplanung.

**Fazit**

- Ziele und Zielvereinbarungen sind das A und O des Managements und auch des Vertriebs. Sie sind die Voraussetzung dafür, dass Sie den Vertrieb führen können.
- Suchen Sie nach dem einfachsten Weg, um den Vertriebsaufwand zu reduzieren. Neben der Variante, die Zahl der Angebote zu erhöhen, gibt es noch andere Möglichkeiten.
- Die Vertriebsorganisation hängt vom Geschäftsmodell ab. Je geringer das durchschnittliche Auftragsvolumen, desto standardisierter müssen die Vertriebsprozesse sein.
- Definieren Sie konkrete Aufgaben für den Vertrieb. Insbesondere bei neuen Vertriebsmitarbeitern ist das erforderlich.
- Ziele sind die Voraussetzung für Steuerung und ohne Steuerung machen Ziele keinen Sinn. Dabei gilt die Devise: Keep it simple! Einfache Ziele und eine einfache Kommunikation erleichtern den Erfolg.
- Erfolglosigkeit im Vertrieb kann sehr unterschiedliche Ursachen haben: Ursachen, die im Markt verankert sind, oder Ursachen, die beim Mitarbeiter zu finden sind. Liegt es am Mitarbeiter, kommen vor den disziplinarischen zuerst die Maßnahmen zur Mitarbeiterentwicklung.

# 3

# Mythos 3: Kunden entscheiden rein rational

**Zusammenfassung** Jeder, der schon einmal auf einem Kongress gewesen ist, kennt nichtssagende Vorträge und Präsentationen, bei denen man von Folien erschlagen wird – langweilig, redundant, erkenntnisarm. Mein subjektiver Eindruck ist, dass dies eher die Regel und weniger die Ausnahme ist. Das Problem entsteht immer dann, wenn man die Kundenansprache von Produkt oder Leistung her denkt. Der Dadaist Francis Picabia hat einmal den schönen Satz gesagt: „Der Kopf ist rund, damit das Denken die Richtung ändern kann." Das bedeutet für den Vertrieb: Vom Kunden her denken, vom Kunden her denken und nochmals vom Kunden her denken! Das ist gar nicht so einfach, da wir Menschen dazu neigen, uns selbst (und unser) Produkt in den Mittelpunkt zu stellen. In diesem Kapitel wird erläutert, wie Sie einen Weg finden können, der den notwendigen Perspektivwechsel erlaubt. Wenn man sich darauf einlässt, entdeckt man neue Aspekte am eigenen Produkt, und vielleicht erklärt sich dadurch auch, weshalb manche Kunden nicht gekauft haben. Es wird erläutert, wie Sie an neue Kunden gelangen, worauf es bei der Kundenansprache ankommt, welche bewussten und unbewussten Aspekte im Verkaufsprozess eine Rollen spielen und wie das für den Vertrieb gezielt genutzt werden kann.

© Springer Fachmedien Wiesbaden GmbH 2017
P. Kleimeier, *Verkaufserfolg für KMU*,
DOI 10.1007/978-3-658-17974-8_3

Viele Unternehmer stellen sich ihre eigenen Kunden folgendermaßen vor: Nehmen wir an, der Kunde steht vor der Herausforderung, seine Buchhaltung neu zu organisieren. Dazu braucht er eine neue Buchhaltungssoftware. Der Kunde stellt einen Katalog mit für ihn wichtigen Funktionen auf, informiert sich bei verschiedenen Firmen, vergleicht die Funktionalität der angebotenen Software, holt Angebote ein, vergleicht Preis und Leistung und entscheidet sich aufgrund einer genauen Analyse völlig rational, kontrolliert und überlegt für zwei oder drei Anbieter. Mit denen beginnt er nun die Verhandlungen. Darin geht es dem Kunden ausschließlich darum, möglichst viel Leistung für möglichst wenig Geld zu bekommen. Zum Schluss erteilt er dem Anbieter den Auftrag, bei dem er das beste Preis-Leistungsverhältnis erkennen kann.

Das ist das Idealbild eines missverstandenen homo oeconomicus. Der Entscheider ist klar, rational abwägend, rein an eigenen – in der Regel finanziellen – Vorteilen interessiert. Diesem „Ideal" kommen die Einkaufsverhandlungen von großen, internationalen Industrieunternehmen mit ihren Zulieferbetrieben ziemlich nahe. Die Wirklichkeit in den vielen Geschäftsbeziehungen abseits der Global Player sieht jedoch oft anders aus.

> **Denkanstöße**
> 
> - Viele der besten Geschäftsbeziehungen beruhen auf Vertrauen. Dazu gehört ein gegenseitiges Geben und Nehmen. Ohne Vertrauen könnten Sie in einem (altmodischen) Café keinen Kaffee bestellen, denn der Kellner kann nicht wissen, ob Sie bezahlen (können). Deshalb gibt es das berühmte „kaufmännische Ehrenwort".
> - Der Aufwand, um bei komplexen Angeboten Vergleichbarkeit herzustellen, ist riesig. Den kann sich nicht jedes Unternehmen bei jeder Anschaffung leisten. Versuchen Sie einmal, drei Angebote von drei Mobilfunkanbietern miteinander zu vergleichen. Ich habe in der Branche gearbeitet und bin daran gescheitert.
> - Wenn eine objektive Vergleichbarkeit nicht herstellbar ist, müssen andere Entscheidungskriterien eine Rolle spielen. Die werden auch als „simple heuristics" bezeichnet. Damit gemeint ist „die Kunst, mit begrenztem Wissen (unvollständigen Informationen) und wenig Zeit dennoch zu wahrscheinlichen Aussagen oder praktikablen Lösungen zu kommen" (gut lesbar und interessant beschrieben bei Gigerenzer 2008).

# 3 Mythos 3: Kunden entscheiden rein rational

- Der Mensch besteht nicht nur aus Verstand. Viele, wenn nicht alle Entscheidungen werden auf einem emotionalen Hintergrund getroffen. Warum fällt z. B. die Entscheidung oft für das bekanntere Produkt eines großen Unternehmens? Ein Grund: Weil unzählige andere Unternehmen es auch haben! Wenn sich so viele (große) Firmen dafür entscheiden, so die Überlegung der Verantwortlichen, dann kann diese Entscheidung nicht falsch sein. Ergo werden vermeintlich auch sie keinen Fehler damit machen. Nennen wir es Herdentrieb, Unsicherheit, Vorsicht, wie auch immer. Es widerspricht dem weitverbreiteten Irrtum des rein rational entscheidenden Geschäftspartners. Die Illusion der rational entscheidenden Männer gerät aber zusehend ins Wanken, während Frauen seit jeher per se unterstellt wird, dass sie emotional entscheiden. Die Forschungsergebnisse der Verhaltensökonomie zeigen immer klarer, dass der Homo oeconomicus in dieser Form nicht existiert, und diese Einsicht findet allmählich sogar Eingang in die ökonomische Wirklichkeit.

**Beispiel**

Ein Unternehmen hatte sich darauf spezialisiert, Schneidwerkzeuge von Industrieunternehmen zu schleifen und zu schärfen. Dazu setze es eine zeitgemäße CNC-Fräsmaschine ein. Die Maschine entsprach den aktuellen und auch zukünftigen Anforderungen für die Dienstleistungen. Nun brachte der Hersteller der CNC-Maschine ein neueres, besseres und sehr teures Modell heraus, das viele neue Funktionen hatte. Für die Wertschöpfungskette des Unternehmens waren diese Funktionen uninteressant. Der Inhaber des Unternehmens war aber Feuer und Flamme für die neue Maschine. Doch wie man es auch drehte und wendete, unter betriebswirtschaftlichen Gesichtspunkten war von der Anschaffung der Maschine abzuraten. Dennoch kaufte das Unternehmen die Maschine. Warum? Weil es dem Inhaber Spaß machte, mit dieser Maschine zu experimentieren.

Das Beispiel zeigt, dass beim Verkauf verschiedene Ebenen angesprochen werden sollten, und je präziser das möglich ist, desto erfolgreicher wird Vertrieb. Wie kann eine möglichst große Zahl von Interessenten erreicht werden? Welchen rationalen Bedarf hat der Kunde? Welche dahinterliegenden Bedürfnisse? Wie bekommt man Antworten auf diese Fragen? Wie kommuniziert man mit den Interessenten? Worauf ist bei Kundengesprächen zu achten? Und wie bindet man Kunden? Diesen Fragen wenden wir uns nun zu.

## 3.1 Zielgruppe: Präzision hilft

Wenn man vertrieblichen Erfolg haben will, gibt es theoretisch zwei Methoden zur Kundengewinnung: entweder breit gestreut oder so genau wie möglich auf die Zielgruppe fokussiert.

> **Beispiel**
>
> Vor einigen Jahren plante ein Beratungsunternehmen bundesweite Informationsveranstaltungen zu einer neuen Norm des Qualitätsmanagements. Die Veranstaltungen wurden an 13 verschiedenen Standorten angesetzt und waren kostenpflichtig. Das Beratungsunternehmen hatte ca. 5000 hoch qualifizierte, personalisierte Adressen in seinem Adresspool. Dazu konnte es noch weitere 8000 Unternehmensadressen zusammensammeln. Jede dieser Adressen – also insgesamt 13.000 – wurde mit einem Brief angeschrieben. Zusätzlich wurden in einem Fachmagazin drei ganzseitige Anzeigen geschaltet, in denen für die Veranstaltungen geworben wurde.
>
> Das Ergebnis war sensationell. Es meldeten sich insgesamt 876 Teilnehmer für die Veranstaltungen an. Das ist eine Anmeldequote von fast 7 % auf alle ausgesendeten Briefe. Das Beratungsunternehmen hatte ins Schwarze getroffen. Das richtige Produkt wurde zum richtigen Zeitpunkt auf den Markt gebracht. Interessanter aber war, dass 857 Teilnehmer, also 98 % der Anmeldungen, aus dem Adresspool der 5000 hoch qualifizierten Adressen stammten. Nur 17 Teilnehmer kamen aus dem Adresspool mit den unqualifizierten Adressen und nur ganze zwei über die Anzeigen im Fachmagazin. Hätte das Unternehmen ausschließlich die 5000 hoch qualifizierten Adressen angeschrieben, hätte man deutlich an Kosten gespart und eine Anmeldequote von 17 % erreicht.

Das Beispiel spricht für sich. Je präziser eine Zielgruppe angesprochen werden kann, desto höher sind die Erfolgsaussichten. Jeder kennt das aus eigener Erfahrung. Wann interessiert man sich für die Werbung von Waschmaschinen? Wenn die eigene Waschmaschine in die Jahre gekommen ist oder ersetzt werden muss. Das Problem ist, dass bislang kein Anbieter wusste, wann und wo eine Waschmaschine kaputt geht. Deshalb musste die Kundenansprache sehr, sehr breit gestreut werden, auf Plakatwänden, durch Zeitungsanzeigen, im Radio und Fernsehen, dauernd und permanent, sonst hat man als Anbieter keine

Chance. Das ist teuer und bringt ungeheure Streuverluste mit sich, weil zwar 10.000 Menschen die Werbung sehen, aber nur einer davon eine neue Waschmaschine braucht. Es ist die sprichwörtliche Nadel im Heuhaufen, die man finden muss.

Waschmaschinen- und andere Hersteller arbeiten seit einiger Zeit an anderen Konzepten. Moderne Waschmaschinen melden dem Hersteller per Internet, wann sie kaputtgehen. Einen besseren Zeitpunkt für die Kontaktaufnahme zum Kunden kann es nicht geben. Die Erfolgsaussichten für den Absatz einer neuen Waschmaschine steigen dramatisch. Für KMU ist es weder möglich noch zielführend auf eine breite Marktansprache abzuzielen. Wichtig ist es, die Zielgruppe einzugrenzen und anschließend klug und systematisch zu bearbeiten.

> Je genauer die Zielgruppe definiert wird, desto leichter werden sich die vertrieblichen Erfolge einstellen.

Wie definiert man nun die exakte Zielgruppe? In manchen Fällen ist das sehr einfach. Wenn ein Unternehmen z. B. Elektrosicherungen (Schütze) für Straßenbahnnetze produziert und sich ausschließlich im deutschen Markt bewegt, muss es nur die 68 Straßenbahnbetreiber in Deutschland identifizieren. Das Gesamtnetz aller Straßenbahnen beläuft sich auf ca. 2878 km, die durchschnittliche Streckenlänge pro Betreiber auf ca. 42 km. Das größte Netz in einer Stadt ist 192 km lang. Nun ist es einfach, die Kunden in Cluster einzuteilen (s. Tab. 3.1).

Es macht Sinn, sehr viel mehr Vertriebsenergie in die fünf größten Kunden zu stecken, denn deren Bedarf ist sehr viel höher als der von kleinen Unternehmen. Hier lohnen sich regelmäßige Besuche, während bei Unternehmen aus dem C-Cluster vorwiegend mit schriftlicher oder

**Tab. 3.1** Beispiel Cluster Straßenbahnbetreiber in Deutschland

| Cluster | Anzahl Betreiber | Streckenlänge |
| --- | --- | --- |
| A | 5 | >128 km |
| B | 12 | <128 und >64 km |
| C | 51 | <64 km |

telefonischer Kommunikation gearbeitet werden sollte. Zusätzlich zur Identifikation der Firmen ist die Bestimmung des Ansprechpartners im Unternehmen erforderlich. Dies ist die eigentliche Arbeit. Wer ist bei welchem Straßenbahnbetreiber für dieses Produkt zuständig? Das kann erfahrungsgemäß sehr unterschiedlich sein. Sind Sie neu auf dem Markt, bleibt Ihnen nichts anderes übrig, als sich durchzutelefonieren. Das ist ein mühsames Geschäft. Trotzdem, der Aufwand lohnt sich, denn nur diese Personen interessieren sich für das Produkt.

Auch im folgenden Beispiel scheint die Definition der Zielgruppe einfach zu sein: Sie bieten eine Software für Hausverwaltungen an. Die Zielgruppe sind dann natürlich Hausverwaltungen. Nun gibt es in Deutschland davon 56.990. Das ist ziemlich viel und kann in der Regel von einem Mittelständler kaum bearbeitet werden. Deshalb vermuten wir weiter, dass viele von den ganz kleinen Unternehmen kein Geld für eine teure Software aufwenden werden. Diese können also ausgeschlossen werden. So bleiben noch 18.369 übrig. Die ganz großen Hausverwaltungen schließen wir auch aus, allerdings reduziert das die Adressen nur auf 18.000. Die Konzentration auf die mittelgroßen Unternehmen hat zudem den Vorteil, dass die Geschäftsführung für Beschaffungen verantwortlich ist und diese lassen sich leicht identifizieren. Um die Datenmenge weiter zu reduzieren, kann man die Daten regional eingrenzen, z. B. die ostdeutschen Länder inklusive Berlin. Es bleiben 4125 Adressen übrig.[1] Jetzt wird die Menge auch für ein mittelständisches Unternehmen handhabbar.

Wie man sieht: Die Eingrenzung funktioniert auf der Grundlage von plausiblen Vermutungen. Dies ist der beste, einfachste und preiswerteste Weg, um die Zielgruppe zu definieren. Jedes Unternehmen kennt seinen Markt und kann seine Zielgruppe eingrenzen, ganz nach der Devise von Immanuel Kant „Habe den Mut Dich Deines eigenen Verstandes zu bedienen." Die Betonung liegt aber auch „Verstand" nicht „Gefühl". Die Aussage mancher Unternehmer „Ich kenne meine Kunden ganz genau" deckt sich leider sehr häufig nicht mit den statistischen Auswertungen. So tönte einmal ein Veranstalter für Incentive-Reisen

---

[1] Datenrecherche bei Schober Adresshandel www.schober.de am 02.03.2017.

voller Überzeugung: „Mit unseren zwei wichtigsten Kunden machen wir 80 % unseres Umsatzes, der Rest ist Kleinkram, da haben wir nicht viele Projekte." Beide Aussagen stellten sich nach kurzer Analyse als falsch heraus. Hinzu kam, dass der „Kleinkram" einen viel höheren Deckungsbeitrag einbrachte als die „Großen". Der „gefühlte" falsche Wert erklärte sich dadurch, dass die großen Projekte sehr viel mehr Arbeit machten und die entsprechenden Kunden viel anspruchsvoller waren als die kleinen. Deshalb machen Sie sich die Mühe und werten Sie Ihre Daten aus. Fast immer gibt es danach Überraschungen, dabei sind diese Analysen nicht schwer. Als Orientierung helfen folgende Fragen (ohne Anspruch auf Vollständigkeit):

> **Fragen**
> 1. Wie viele Kunden haben Sie?
> 2. Wie viele Kunden haben in den letzten zwei Jahren bei Ihnen gekauft (aktive Kunden)?
> 3. Warum kaufen die inaktiven Kunden nicht mehr bei Ihnen? Gibt es Gründe, die häufiger auftreten?
> 4. Wie lassen sich die Kunden clustern? (Branchen, Größe des Kunden, regionale Verteilung der Kunden, gemeinsame Interessen)
> 5. Wie hoch ist eine durchschnittliche Rechnung?
> 6. Wie hoch ist Ihre durchschnittliche Angebotsannahmequote in den verschiedenen Clustern?
> 7. Welche Produkte verkaufen Sie wie oft (Bestseller/Lowseller)?
> 8. Welches Produkt hat welchen Deckungsbeitrag?
> 9. In welchem Cluster (Frage 3) haben Sie den höchsten Umsatz/Deckungsbeitrag?

Die Erfahrung zeigt fast immer, dass Sie nach Beantwortung der Fragen auf ganz neue Vertriebsideen stoßen.

## 3.2 Bedarf: Was der Kunde wissen könnte

Von sehr großer Bedeutung ist die Frage 4 nach der Clusterung der Daten. In Abschn. 3.1 wurde dies an einem Beispiel erläutert. Dort wurde die Größe des Streckennetzes zugrunde gelegt. Der dahinterliegende Gedanke: Betreiber mit einem großen Streckennetz haben einen großen Bedarf an Sicherungen, Betreiber mit einem kleinen Streckennetz weniger. Das heißt, die Clusterung erfolgt über den Bedarf des Kunden.

> Der Bedarf entsteht aus dem Problem des Kunden: Er will oder muss es lösen, um definierte Ziele/Vorschriften/Normen zu erreichen. Der Bedarf ist der rationale Teil der Kaufentscheidung.

Wenn jemand ein Unternehmen gründet, dann hat er eine ganze Menge an Bedarfen – angefangen z. B. mit Stühlen, Tischen, Computern, einem Kicker, Drucker, Papier usw. Wie diese Dinge aussehen, ob der Stuhl 10 € kostet oder 400 €, das hängt noch von anderen Faktoren ab, aber dass er Stühle braucht, ist unbestritten. Bei den Basics ist das alles recht einfach, schwieriger wird es bei komplexeren Leistungen, denn der „wirkliche" Bedarf ist nicht immer auf den ersten Blick erkennbar.

> **Beispiel**
> Eine Hausverwaltung betreut in einer Region mehrere Tausend Wohnungen von Kapitalanlegern, d. h. die Eigentümer wohnen nicht selber in der Wohnung, sondern vermieten sie. Die Hausverwaltung organisiert die Haus- und Gartenpflege, betreut Reparaturen und Renovierungsmaßnahmen, sucht günstige Versorger, macht die Nebenkostenabrechnungen usw. Vielleicht sucht sie auch einen neuen Mieter, achtet auf den pünktlichen Mieteingang und vieles mehr. Alle Arbeiten macht die Hausverwaltung pünktlich, zuverlässig, korrekt und absolut souverän.
> Man könnte meinen, der Bedarf der Wohnungseigentümer an die Hausverwaltung ist genau das:
> - Haus- und Gartenpflege,
> - Betreuung von Reparaturen und Renovierungsmaßnahmen,
> - Erstellung von Nebenkostenabrechnungen,
> - Mieterwechselbetreuung,
> - Zahlungsüberwachung usw.
>
> Wenn dem so wäre, wäre die Neukundengewinnung ganz einfach. Man preist seine guten Leistungen einfach an. Das Schöne daran: das würde nicht nur für die Zielgruppe der Kapitalanleger passen, sondern auch für die Eigentümer, die selber in der Immobilie wohnen (sogenannte Selbstnutzer).

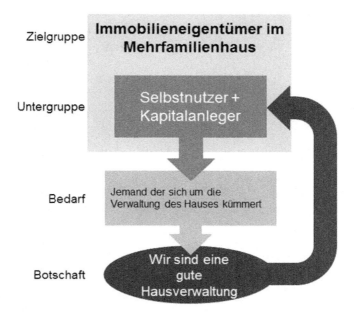

Abb. 3.1 Eigentümer – Bedarf – Botschaft

Vereinfacht dargestellt sieht die Ansprache der potenziellen Kunden so aus wie in Abb. 3.1 dargestellt.

Bei genauerer Überlegung stellen sich allerdings Fragen: Ist es den Eigentümern wirklich wichtig, dass das Treppenhaus regelmäßig gereinigt wird? Oder dass der Rasen immer gemäht ist? Den Selbstnutzern vermutlich schon, aber auch den Kapitalanlegern? Ist das Interesse der Selbstnutzer bei den Nebenkosten dasselbe wie bei den Kapitalanlegern? Bei Kapitalanlegern zahlt der Mieter die Nebenkosten. Von einer Senkung der Nebenkosten hat der Kapitalanleger nicht viel, der Selbstnutzer spürt es aber direkt im Portemonnaie. Allein aus diesen beiden Fragestellungen ergibt sich, dass der Bedarf der beiden Eigentümergruppen sehr unterschiedlich ist. Im Fall der Kapitalanleger ist das eigentliche Interesse der meisten Eigentümer vermutlich

**Abb. 3.2** Kapitalanleger – Bedarf – Botschaft

- den Wert der Immobilie zu erhalten bzw. zu steigern,
- die Rendite (Miete) optimal zu halten und
- möglichst wenig Ärger und Kosten zu haben.

In diesem Fall ergibt sich nun eine ganz andere Botschaft für die Kundenansprache, wie aus Abb. 3.2 hervorgeht.

Ganz anders sieht die Sachlage bei den Eigennutzern aus. Deren Interessen besteht in aller Regel darin, dass

- die Immobilie gut gepflegt ist,
- es hübsch aussieht,

# 3 Mythos 3: Kunden entscheiden rein rational

**Abb. 3.3** Selbstnutzer – Bedarf – Botschaft

- die Nebenkosten nicht zu hoch sind und
- Renovierungen gut und zügig erledigt werden.

Deshalb ergibt sich natürlich auch eine ganz andere Botschaft, wie aus Abb. 3.3 deutlich wird.

Man kann – falls erforderlich – diese Zielgruppendifferenzierung immer weiter treiben. Nicht nur theoretisch kann ein Eigentümer ganz andere Interessen haben, als sie oben für eine Hausverwaltung festgelegt wurden: beispielsweise keine Hausreinigung, keine Gartenpflege und keine Reparaturen, damit die Mieter möglichst schnell ausziehen und das Haus luxussaniert werden kann.

> Je genauer die Zielgruppe abgegrenzt wurde, desto präziser kann der Bedarf und damit die Kundenansprache definiert werden.

Am Beispiel der Selbstnutzer und Kapitalanleger wird deutlich: Wenn man neue Kunden aus der einen oder anderen Gruppe gewinnen will, muss man sie bedarfsgerecht ansprechen. Die Interessen lassen sich nicht übereinanderlegen. In diesem Zusammenhang reden wir von Botschaften (siehe auch Abschn. 3.5). Man braucht also für jede Zielgruppe den tatsächlichen Bedarf und die dazu passende Botschaft. Allerdings versteckt sich der tatsächliche Bedarf gelegentlich so geschickt, dass man kaum darauf kommt. Der Bedarf des Kunden bestimmt die Kundenkommunikation, also die gesamte direkte und indirekte Kommunikation.

Es hält sich die Legende, dass irgendwann im frühen 20. Jahrhundert ein Erfinder eine Glühlampe erfand, die anders als normale Glühlampen praktisch nicht mehr kaputtging – eine geniale Erfindung. Der Erfinder – so die Legende – tingelte von Glühlampenhersteller zu Glühlampenhersteller, um sein Patent zu verkaufen. Aber keiner wollte das Patent! Warum? Ganz einfach, dann wäre die Produktion von Glühlampen dramatisch eingebrochen, da die Produkte nicht mehr ersetzt werden müssen. Daran hatten die Hersteller kein Interesse. Erst, als der Erfinder den Herstellern damit drohte, diese Lampen selber zu produzieren, sollen sie, als Konsortium, das Patent aufgekauft und für ewig in einem Panzerschrank versenkt haben.

Ob die Geschichte wahr ist oder nicht, spielt keine Rolle. Es geht darum, dass der Erfinder eine sehr kluge Annahme über die Interessen der Glühlampenhersteller gemacht wird. Diese war aber falsch. Das Interesse der Hersteller ist nicht bessere Technologie, sondern mehr Absatz. Das ist die Erfinderfalle, in die insbesondere innovative Technologieunternehmen gerne tappen. Viele Menschen gehen zuvorderst davon aus, dass ihre Interessen sich mit den Interessen anderer decken. Das ist mitnichten der Fall. Manche Interessen erschließen sich sogar erst nach aufwendigen Recherchen bzw. dann, wenn es bereits zu spät ist.

> **Beispiel**
>
> Wie im richtigen Leben verschleißen bei Bahnunternehmen Gleise und Weichen. Diese müssen in bestimmten Abständen saniert und ausgetauscht werden. Die Kosten für den Austausch einer Weiche liegen im sechsstelligen Bereich. Ein Technologieunternehmen kam auf die Idee, ein Mess- und Schleifsystem für Bahnweichen zu entwickeln, sodass diese saniert werden können. Die Kosten pro Weiche liegen bei einem Bruchteil der Austauschkosten – genial, könnte man annehmen.
>
> Warum lässt sich das System, dem von allerhöchster Stelle Funktionsfähigkeit bescheinigt wurde, nicht verkaufen? Wie der Teufel es will: Die Reparatur der Weiche muss vom Bahnbetreiber bezahlt werden, der viel teurere Austausch dagegen wird vom Staat bezahlt. So paradox es auch sein mag, für den Bahnbetreiber ist es wesentlich billiger, die Weiche auszutauschen.

Bevor wir uns der Frage zuwenden, wie man belastbare Informationen über den „wirklichen" Bedarf der Kunden sammelt, müssen wir noch eine zweite Interessenebene ins Auge fassen.

## 3.3 Bedürfnis: Was der Kunde nicht weiß

Eingangs des vorherigen Kapitels wurde davon gesprochen, dass der Bedarf des Kunden der „rationale" Teil der Kaufentscheidung sei. Das Bedürfnis des Kunden ist die andere Seite der Medaille, der „emotionale" Teil der Entscheidung. „Wie", höre ich die Kritiker sagen, „das ist doch völliger Quatsch. Im Geschäftsleben, besonders im B2B-Bereich, geht es völlig rational zu. Emotionen haben bei Entscheidungen nicht zu suchen."

Wer so denkt, hat Adam Smith[2] vielleicht gelesen, aber heute ist dieses Modell des stets rational handelnden Homo oeconomicus obsolet. Die Verhaltensökonomie weist nach, dass Emotionen großen Einfluss auf (Kauf-)Entscheidungen haben und ohne sie wären Entscheidungen vermutlich gar nicht möglich. Hochintelligente Autisten (mit sogenanntem

---

[2]Englischer Philosoph und Begründer der Nationalökonomie (1723–1790).

Asperger-Syndrom) versuchen, die Welt rational zu durchdringen, sind aber nicht fähig, Entscheidungen zu treffen, weil sie sich in der Vielzahl der Entscheidungskriterien verheddern. Es ist klar, dass noch andere Faktoren in Entscheidungsprozessen eine Rolle spielen als nur die Argumente des Homo oeconomicus. Vielleicht ist das auch gut so. Niemand hätte 1997 einen Cent darauf gewettet, dass die Firma Apple 15 Jahre später das wertvollste Unternehmen der Welt sein würde.

> Das Bedürfnis ist der emotionale Teil der Kaufentscheidung. Das Bedürfnis ist dem Kunden häufig nicht bewusst.

Die Frage, die sich für den Vertrieb stellt, ist allerdings: Wie kann man sich diese emotionalen Entscheidungskriterien zunutze machen? Im B2C ist das Gang und Gäbe und entsprechend wird dort Werbung emotionalisiert:

- Attraktive junge Frauen bewerben Schönheitsmittel und suggerieren so älteren oder auch jüngeren Damen, dass sie mit den Produkten attraktiver aussehen.
- Der schnelle Sportwagen soll dem Mann ein Gefühl von Überlegenheit („Du bist schneller") und erhöhter Attraktivität („Du fällst auf") geben.

Bei den Produktverantwortlichen würde niemand auf die Idee kommen, eine Hautcreme mit folgenden Worten zu bewerben: Eine „mit Wasser abwaschbare Creme (hydrophile Creme vom O/W-Typ), in der die öligen Bestandteile fein verteilt in einer kohärenten wässrigen Phase vorliegen"[3]. Ebenso wenig redet irgendjemand im Sportwagenvertrieb von „meist zweisitzigen Personenkraftwagen mit verhältnismäßig geringer Bauhöhe (…), bei deren Konstruktion in der Regel höhere Fahrleistungen als beim viersitzigen Pkw und gutes Handling im Vordergrund stehen."[4] Im Gegensatz dazu wäre es aber ebenso merkwürdig, wenn eine Firma für die

---

[3]https://de.wikipedia.org/w/index.php?title=Hautcreme&oldid=162557311.
[4]https://de.wikipedia.org/w/index.php?title=Sportwagen&oldid=160567804.

# 3 Mythos 3: Kunden entscheiden rein rational

**Abb. 3.4** Maslowsche Bedürfnispyramide. (Quelle: in Anlehnung an Guttmann 2012, https://commons.wikimedia.org/wiki/File%3AEinfache_Bed%C3%BCrfnishierarchie_nach_Maslow.svg)

Steuerungskomponenten von Containerkränen nach der Devise werben würde: „Die aufregendsten Inverter für Ihren Containerkran."

Im B2B müssen Emotionen indirekt angesprochen werden. Dabei hilft ein Blick auf die menschlichen Grundbedürfnisse. Das schlichte, aber aufschlussreiche Modell der Bedürfnispyramide des amerikanischen Psychologen Abraham Maslow (s. Abb. 3.4) erklärt das Prinzip. Das Modell sagt aus, dass Menschen unterschiedliche Bedürfnisebenen haben und dass erst die unterste Ebene der Pyramide „befriedigt" sein muss, bevor man sich der nächsten Ebene zuwenden kann. Anders gesagt: Das Bedürfnis Hunger muss gelöst sein, bevor man sich dem Bedürfnis Wohnung (Sicherheit) zuwenden kann. Auch wenn das Modell seine Schwächen hat, erklärt es die verschiedenen emotionalen

Bedürfnisse von Menschen sehr treffend. Da es Menschen sind, die im B2B entscheiden, spielen auch hier die Bedürfnisse eine nicht zu unterschätzende Rolle.

Die physiologischen Grundbedürfnisse können an dieser Stelle vernachlässigt werden. Wichtig sind die Sicherheitsbedürfnisse. Bei einer wichtigen Unternehmensentscheidung, z. B. der Einführung einer neuen unternehmensweiten Software, stellt sich die Frage: Würde ein Unternehmer auf das sehr gute Produkt einer Firma setzen, auch wenn es diese gerade einmal zwei Jahre gibt und sie nur drei Kunden hat? Oder wäre der Platzhirsch naheliegender, ein renommiertes Unternehmen, das seit Jahrzehnten auf dem Markt ist und Hunderte von Referenzkunden nennen kann?

Es kommt darauf an, wie groß das Sicherheitsbedürfnis des Entscheiders ist. Vielleicht ist aber im Unternehmen um die Ecke ein alter Bekannter und es ist dem Interessenten ein Anliegen, ihn zu unterstützen. So kommen soziale Bedürfnisse ins Spiel. Natürlich wird niemand die Existenz des eigenen Unternehmens gefährden, um einen Bekannten zu unterstützen, aber etwas weniger Sicherheit wäre in einem solchen Fall schon vertretbar.

Vielleicht aber haben alle Mitbewerber in Ihrem Umfeld sich für die eine – besonders teure – Software entschieden und irgendwie ist diese Software zu einem Statussymbol geworden. Man muss sie einfach haben, wenn man „en vogue" sein will. Im Hardwarebereich ist das z. B. mit Apple passiert. Wollen Sie da mithalten? Vielleicht, vielleicht auch nicht. Auf diese Frage kann es keine allgemeingültige Antwort geben. Der Vertrieb muss aber Annahmen darüber treffen, denn es hilft dabei, auf der richtigen Klaviatur zu spielen. Für das kleine Unternehmen „um die Ecke" macht es vertrieblich Sinn, in seiner Kommunikation auf die soziale Ebene zu setzen: „Regional, direkt verfügbar, individuell." Für den Platzhirsch passt diese Argumentation nicht, hier sollte die Erfahrung (Sicherheit) im Vordergrund stehen.

Wie man sieht, bedingt die Zielgruppe und deren Bedarf den einen Teil der vertrieblichen Kommunikation, dieser muss direkt angesprochen werden. Der emotionale Teil der Botschaft muss indirekt, also versteckt kommuniziert werden.

Bedarf und Bedürfnis bilden also die Grundlage für die Botschaft, die in Abschn. 3.5 behandelt wird. Im nächsten Abschnitt geht es darum, wie man zu einer qualifizierten Aussage über die eigene Zielgruppe kommen kann.

## 3.4 Marktanalysen: Sind gar nicht aufwendig

Marktanalyse ist ein großes Wort, es klingt teuer und sehr arbeitsintensiv, sodass viele denken, dass sie sich diesen Aufwand nicht leisten können. Das, was sich die allermeisten unter einer Marktanalyse vorstellen, ist für KMU selten leistbar. Da beauftragt man eine Agentur, die Tausende von Kunden mittels Fragebogen befragt und die Antworten auswertet. Am Ende erhält man als Ergebnis Informationen, die entweder bereits bekannt oder irrelevant sind. Dafür zahlen Sie viel Geld. Bei dieser Art der Marktanalyse handelt es sich um eine quantitative Marktanalyse. Quantitative Marktanalysen sind meistens aufwendig, haben aber den großen Vorteil, dass sie valide Daten liefern. Wenn Sie 1000 Kunden befragen und 85 % beantworten die Frage „Wie beurteilen Sie unser Produkt?" mit „sehr gut", dann können Sie davon ausgehen, dass die Kunden mit dem Produkt sehr zufrieden sind. Die Frage ist nur: Hilft das weiter?

Wie problematisch diese Art der Befragung sein kann, wird an folgendem Beispiel eines Krankenhausbetreibers deutlich: „Welche Wandfarbe wünschen Sie sich für Ihr Krankenhauszimmer bei einem stationären Aufenthalt?" Vermutlich haben mehr als 90 % der befragten Personen noch nie über diese Frage nachgedacht. Sie ist für die allermeisten irrelevant, aber da die Frage auf dem Fragebogen steht, wird sie dennoch beantwortet. Der Krankenhausbetreiber erhält als Ergebnis die Auswertung, dass 66 % der Befragten meinen „Gelbe Wände wären am schönsten". Nun streicht der Krankenhausbetreiber die Zimmer alle gelb, aber die Zufriedenheit der Patienten ist so miserabel wie vorher. Natürlich gibt es Verfahren, um solche Fehlschlüsse in quantitativen Befragungen auszuschließen, aber das macht sie auch aufwendiger und noch teurer.

Als Alternative, insbesondere für KMU, bietet sich die qualitative Marktanalyse an. Die einfachste Form der qualitativen Marktanalyse ist eine schlichte Frage an den Kunden nach dem Geschäftsabschluss: „Warum haben Sie sich eigentlich für uns entschieden?" Es ist erstaunlich, wie selten diese Frage gestellt wird. Eine so bescheidene Frage allein kann aber einen enormen Erkenntnisgewinn bringen. Natürlich ist die Frage kein wirklicher Ersatz für eine qualitative Marktanalyse. Bei einer „richtigen" qualitativen Marktanalyse werden sechs bis zehn Kunden und/oder Nicht-Kunden zu einem Gespräch eingeladen. Thema des Gesprächs ist z. B. der obige Ansatzpunkt: „Warum haben Sie sich bei Ihrem Kauf für oder gegen unser Produkt entschieden?" Das Gespräch geht in der Regel über mehrere Stunden. Ziel ist es, die eigentlichen, teilweise verborgenen Gründe für die Kaufentscheidung zu finden: den Bedarf und das Bedürfnis.

> **Beispiel**
>
> Bei einer solchen qualitativen Marktanalyse stellte sich zur großen Überraschung der Geschäftsführung eines Softwareunternehmens heraus, dass nicht die gute Funktionalität der Software in Verbindung mit dem sehr günstigen Preis ausschlaggebend war, sondern der hervorragende und sehr persönliche (Hotline-)Service des Unternehmens während der Testphase. Das Bedürfnis der Kunden, einen persönlichen Ansprechpartner zu haben – quasi einen zusätzlichen abrufbaren Mitarbeiter –, war entscheidend. Die Funktionalität der Software, auf die die Geschäftsführer so stolz waren, wurde hingegen von den Kunden als mehr oder weniger selbstverständlich angesehen. Der Preis spielte eine eher untergeordnete Rolle. Diese Erkenntnis stellte sich nach intensiver Diskussion eindeutig heraus. Für das Unternehmen bedeutete dies eine Kurskorrektur in der Kundenkommunikation. Fortan wurde stärker auf die Serviceorientierung des Unternehmens hingewiesen, um damit die Bedürfnisse der Kunden nach Unterstützung und persönlicher Hilfe anzusprechen.

Der Vorteil der qualitativen Marktanalyse ist offensichtlich: Sie ist – vergleichsweise – einfach und preiswert, man erhält Informationen aus erster Hand und gewinnt überraschende Erkenntnisse. Der Nachteil: Die

Erkenntnisse sind aus Einzelfällen abgeleitete Schlussfolgerungen, die verallgemeinert werden. Sie sind vielleicht plausibel und wahrscheinlich, statistisch gesicherte Erkenntnisse sind sie nicht. Mit den beiden Methoden der Marktanalyse verhält es sich wie mit der Heisenbergschen Unschärferelation[5]: entweder man läuft Gefahr, belastbare, aber wenig aussagekräftige Erkenntnisse zu gewinnen, oder aber man erhält aussagekräftige, aber wenig belastbare Erkenntnisse.

Bei der Durchführung eines solchen Workshops gilt es, zwei grundlegende Hinweise zu beachten:

1. Dringend empfohlen ist es, den Workshop von einem externen Moderator durchführen zu lassen. Der Externe hat den unbefangeneren Blick. Ein interner Moderator sieht häufig „den Wald vor lauter Bäumen nicht". Im schlimmsten Fall meint er, die Lösung der Fragestellung bereits zu kennen. In dem Fall erhält man gerne genau das Ergebnis, mit dem man gerechnet hat, „self-fulfilling prophecy"[6] oder „erkenntnisleitendes Interesse" nennt man das Phänomen.
2. Ein solcher Workshop muss gut vorbereitet werden. Der Moderator muss einen Fahrplan haben und an passender Stelle Impulse setzen. Die Vorbereitung eines solchen Workshops braucht sicher einen Tag, die Nachbereitung noch mal einen.

In jedem Fall bekommt man auf diese Weise viel Material, um die Botschaft formulieren zu können, die für die Kundenkommunikation gebraucht wird. Natürlich sind die beiden dargestellten Formen der Marktanalyse nicht alles. Es gibt in jeder Branche noch weitere, sehr kreative Möglichkeiten, um mehr über die eigenen Kunden zu erfahren, wie das das folgende Beispiel zeigt.

---

[5]Die Unschärferelation von Werner Heisenberg (deutscher Physiker, 1901–1979) besagt, dass man nicht in der Lage ist, Geschwindigkeit und Masse eines Teilchens gleichzeitig exakt zu bestimmen.
[6]Deutsch: Sich selbst erfüllende Prophezeiung.

> **Beispiel**
>
> Die faszinierendste, einfachste und billigste Methode für allerfeinste Marktforschung erfand der Leiter der Niederlassung eines Premiumautomobilherstellers. Ein lokaler Kinderradiosender sprach bei ihm vor. Der Sender machte den Vorschlag, an jedem Adventssamstag Märchenlesungen für die Kinder der Kunden durchzuführen und diese live im Radio zu senden. Der Leiter der Niederlassung lehnte das Angebot ab, weil er meinte, dass seine Kunden dafür nicht die richtige Zielgruppe seien. Einige Wochen später rief er bei eben jenem Radiosender an und meinte: „Wir machen das doch." Die verdutzte Rückfrage des Senders „Wieso haben Sie sich jetzt umentschieden?" erklärte der Niederlassungsleiter folgendermaßen: „Ich habe meine Mitarbeiter angewiesen, jedes Auto in der Werkstatt auf die eingespeicherten Radiosender zu prüfen. Dabei haben wir festgestellt, dass ein großer Teil unserer Kunden Ihren Radiosender eingespeichert hat. Ich muss meine Meinung korrigieren!" Besser geht Marktforschung nicht. Die Veranstaltungen wurden übrigens ein sensationeller Erfolg.

## 3.5 Botschaft: Wiederholen, wiederholen, wiederholen

Im Abschn. 2.1 wurde das Thema Zielsetzung erläutert. Das Ziel dient mir selbst (in diesem Fall dem Vertrieb) als Richtschnur und Orientierungshilfe für das Handeln. Das Ziel ist erst einmal nur für mich interessant. Im Gegensatz dazu steht die Botschaft. Die Botschaft zielt auf das Gegenüber. Bei ihm soll eine bestimmte Information ankommen. Und diese sollte, wie in Abschn. 3.3 beschrieben, die emotionale Bedürfnisebene ansprechen.

> **Beispiel**
>
> Ein schönes Beispiel dafür ist die Website der Firma Big Dutchman, ein Weltmarktführer für Geflügel- und Schweineställe. Dort ist zu lesen: „Seit 1938 konzipiert und realisiert Big Dutchman Fütterungsanlagen und Stalleinrichtungen für die moderne Haltung von Schweinen und Geflügel. Wir bieten praxisgerechte und zukunftsweisende Lösungen, die ökonomisch und ökologisch tragfähig sind." Das hört sich sachlich an und ist es auch, aber der Text hat eine Reihe unterschwelliger „emotionaler" Botschaften:

| Aussage | Botschaft | Bedürfnis |
|---|---|---|
| Seit 1938 | „Wir haben viel Erfahrung" | Sicherheit |
| Moderne Haltung | „Wir kennen uns mit moderner Tierhaltung aus." | Kompetenz |
| Praxisgerechte | „Wir wissen, was Du brauchst." | Kompetenz |
| Zukunftsweisende | „Deine Investition ist zukunftssicher." | Sicherheit |
| Ökonomisch und ökologisch | „Wir haben beide Seiten der Medaille im Blick." | Kompetenz |

Indirekte Emotionalisierung geschieht u. a. über die geschickte und bewusste Auswahl von Worten. Jedes Wort hat sogenannte Konnotationen, „mitschwingende" Bedeutungsinhalte. Diese können positiv und negativ sein. Negative Konnotationen sollten vermieden werden. So ist es beispielsweise in der Geschäftswelt heute nicht mehr üblich von „Problemen" (negativ) zu sprechen sondern von „Herausforderungen" (positiv).

> Man kann es gar nicht oft genug betonen: Negative Formulierungen haben in der Vertriebskommunikation nichts zu suchen.

Leider geschieht dieser Fehler trotzdem immer wieder. Würde man im obigen Beispiel schreiben „Wir sind aber nicht 1938 stehengeblieben…", statt von „moderner Haltung" zu sprechen, so ist das sachlich gesehen die gleiche Aussage, aber sie ist negativ formuliert, leicht erkennbar an dem kleinen Wörtchen „nicht".

Damit Botschaften – hier Kaufbotschaften – beim Kunden ankommen, setzen die ganz großen Unternehmen auf den dauerhaften Beschuss aller Kanäle – Fernsehen, Internet, Plakate usw. Die Botschaft wird tausendfach wiederholt (siehe Abschn. 4.4), damit der Kunde sich an die richtige Marke erinnert, wenn z. B. seine Waschmaschine kaputt geht. Voraussetzung ist, dass die Botschaft kurz und prägnant ist. Lange Texte werden nicht gelesen, „Geschwafel" erst recht nicht. Füllwörter und umständliche Beschreibungen sollten grundsätzlich vermieden werden. Kurze, präzise und aussagekräftige Texte zu schreiben, macht jedoch viel Arbeit. Der französische Philosoph Voltaire soll einmal einen Brief mit den Worten begonnen haben: „Entschuldigen Sie, dass ich Ihnen einen langen Brief schreibe, für einen kurzen habe ich keine Zeit." Wer einmal versucht hat, aus einem langen einen kurzen Text zu machen, weiß, wovon Voltaire spricht.

> **Sechs Regeln für die Erstellung von aussagenkräftigen Texten**
> 1. **Verwenden Sie keine negativen Formulierungen**
>    Nicht: „Ohne Probleme kommen Sie ans Ziel", sondern „So kommen Sie ans Ziel".
> 2. **Vermeiden Sie Weichmacher**
>    Keine Wörter wie: „vielleicht", „eventuell", „unter Umständen", „möglicherweise", „würde", „könnte" usw.
> 3. **Formulieren Sie kurze Sätze**
>    Kein Satz darf länger sein als zwei Textzeilen.
> 4. **Verfassen Sie kurze Texte**
>    Lange Texte werden nicht gelesen – außer von Anwälten (und auch von denen nicht immer).
> 5. **Nutzen Sie Bilder**
>    „Ein Bild sagt mehr als 1000 Worte." Erläuternde Grafiken sind viel überzeugender als noch so gute Texte. Wortbilder sind auch Bilder. Statt „Jetzt erfahren Sie…" nutzen Sie lieber das sprachliche Bild „Jetzt lassen wir die Katze aus dem Sack."
> 6. **Lesen Sie den Text laut vor**
>    So komisch es klingt, wenn man einen Text laut vorliest, hört man doch plötzlich Dinge, die man nicht schreiben wollte. Noch dazu hört man eigene Rechtschreib- und Kommafehler. Der bei Reportern und Schriftstellern weit verbreitete Satz „Wie kann ich wissen, was ich denke, bevor ich höre, was ich sage?" macht das deutlich.

Geniale Botschaften zu entwerfen, ist eine Kunst. Schlagzeilen von Zeitungen sind nichts anderes als Botschaften und die Schlagzeile der BILD zur Wahl des deutschen Kardinals Joseph Ratzinger, „Wir sind Papst", ist in die Geschichte eingegangen. Das Problem der KMU ist aber, dass sie nicht die Reichweite einer Bildzeitung oder die eines großen Konzerns haben. Eine Botschaft oder – neudeutsch – einen Claim permanent zu wiederholen, wie es besonders um die Jahrtausendwende Mode war, kann sich ein Unternehmen wie Procter & Gamble leisten, aber nicht die Firma Müller Software aus Lüdenscheid. Was also können KMU tun?

## 3 Mythos 3: Kunden entscheiden rein rational

Der amerikanische Präsident Ronald Reagan war unbestritten ein beeindruckender Redner. Eines Tages wurde er gefragt, warum seine Reden beim amerikanischen Volk so gut ankommen und er soll geantwortet haben[7]: „Das ist ganz einfach, erst erzähle ich den Leuten eine Geschichte, dann sage ich ihnen, was ich ihnen sagen werde, dann sage ich es ihnen und dann sage ich ihnen, was ich ihnen gesagt habe." Was Reagan damit meinte:

> Botschaften müssen permanent wiederholt werden, damit sie beim Empfänger ankommen. Das genau ist die Idee des Claims.

Für die allermeisten KMU ist eine allgemeine Bekanntheit weder erreichbar noch zielführend. Viel wichtiger ist es, in seiner Zielgruppe bekannt zu sein. Die Berliner Mikrofonfirma Neumann ist so ein Beispiel. Kein Tonstudio kommt ohne Neumann-Mikrofone aus. Weltstars bestellen ihr „persönliches Mikrofon" bei Neumann. Natürlich gehören dazu Spitzenprodukte und das Spitzenprodukt ist gleichzeitig auch Botschafter.

Was aber kann man tun, wenn man kein Weltmarktführer ist und kein Spitzenprodukt hat? Im Prinzip muss man umsetzen, was Reagan gesagt hat, man muss die Botschaft permanent wiederholen. Beispiele dafür sind Traditionsunternehmen wie Filz Gnoss (seit 1925) und Gummi Grün (seit 1884) in Köln oder Eisen Adolph in Berlin (seit 1898), sie wiederholen sich gewissermaßen, weil es sie seit langer Zeit gibt. Wer noch nicht auf eine so lange Tradition zurückblicken kann, muss sich anders wiederholen: im Gespräch, im Internet, in Printmedien und Produktbeschreibungen. Damit ist nicht die dauernde Wiederholung eines einzigen Spruchs gemeint. Alle Informationen, die zu vertrieblichen Zwecken eingesetzt werden, unterstreichen dieselbe Botschaft, z. B. „Unser Service spart Ihnen Arbeit und Geld!".

Was dann folgen muss, ist die „Beweisführung". Unter Beweisführung ist kein stichhaltiger, mathematischer oder wissenschaftlicher Beweis zu

---

[7]Andere Quellen schreiben dieses Zitat dem amerikanischen Präsidenten Theodor Roosevelt zu.

verstehen, sondern nachvollziehbare Gründe, die „simple heuristics" der Verhaltensökonomie. Jeder kennt das Phänomen, welches inzwischen moderne Neurowissenschaften nachgewiesen haben, dass Menschen kausale Begründungen brauchen wie die Luft zum Atmen: „Warum ist das so?" ist die Frage, die Menschen immer wieder stellen und darauf wollen sie Antworten haben. Warum ist der Service in dem Unternehmen so viel besser, fragt sich der Kunde. Und er erwartet Begründungen, die geliefert werden müssen. Sie können beispielsweise so aussehen:

- Wir haben für jeden Kunden einen individuellen Ansprechpartner.
- Wir haben nur erfahrene Fachkräfte im Einsatz.
- Wir haben die weltbeste Telefonanlage.
- Das sagen unsere Kunden: „Weltbester Service".
- Die Servicebewertung unserer Kunden liegt bei 1,0.
- Unsere durchschnittliche Problemlösungszeit bei Anfragen dauert 3 min.

Alle diese Aussagen „beweisen" die zentrale Botschaft „Unser Service spart Ihnen Arbeit und Geld!"

Der Ansprechpartner beim Kunden kann mit diesen Begründungen zu seinem Chef gehen und voll Überzeugung erklären, warum das Unternehmen die beste Wahl ist. Pech hat man nur, wenn der Ansprechpartner meint, dass Service für ihn unwichtig sei. Dann passt er aber nicht in die gewünschte Zielgruppe.

> Botschaften sind indirekt emotional, sie sind redundant und müssen bewiesen werden.

## 3.6 Kundengespräche: Kann doch jeder

Das Kundengespräch ist im B2B sicherlich das zentrale Momentum für den Vertrieb. Bis jetzt hat man also viel Aufwand getrieben, um das erste Gespräch mit dem Kunden zu führen, und dann passiert in vielen Fällen Folgendes: Der Vertriebler redet über sein Produkt – wie toll es ist, was es alles kann, was es bringt, warum es besser ist usw. Aber das ist falsch, grundfalsch! Ein Verkaufsgespräch gliedert sich in verschiedene Phasen (s. Abb. 3.5). Dreht es sich um komplexere und teurere Produkte, können die Phasen auch auf mehrere Gespräche verteilt sein, die Prinzipien ändern sich aber nicht.

### 3.6.1 Vorbereitung: Wird gern vergessen

Der allererste und sehr wichtige Schritt liegt vor dem Kundengespräch und ist die Vorbereitung des Termins. Informationen über das Unternehmen und – wenn möglich – über den Ansprechpartner sind hilfreich. Heute ist das viel leichter als früher, weil sich viele Informationen im Netz finden lassen. Den Internetauftritt des Unternehmens sollte man sich ansehen, so dass man ein Kompliment darüber machen kann. Komplimente hört jeder gerne. Vielleicht finden sich auch Presseinformationen, die mehr Auskunft über die aktuelle Situation geben. Und geprüft werden sollte, ob der Kunde schon einmal beim Unternehmen gekauft hat, auch wenn das vielleicht schon lange her ist.

Finanzinformationen von Kapitalgesellschaften finden sich immer unter www.unternehmenregister.de. Hier werden neben Stammkapital und Zeichnungsberechtigungen, alle Bilanzen und – bei größeren Unternehmen – Gewinn- und Verlustrechnungen veröffentlicht. Das Profil des Ansprechpartners in sozialen Netzwerken hilft, sich ein Bild vom Gegenüber zu machen. Manche Informationen können nützlich sein. Vielleicht hat man gemeinsame Bekannte, aber noch interessanter ist die Information, ob jemand BWL oder Ingenieurswissenschaften studiert hat. Zu guter Letzt sollte man noch an die SMARTen Ziele für das Erstgespräch denken: Was soll erreicht werden? Was ist realistisch möglich? Das sollte man sich aufschreiben. Es hilft wirklich!

Natürlich richtet sich der Vorbereitungsaufwand nach der Größe des Projektes. Wenn es sich um ein 100 Tage andauerndes Beratungsprojekt

**Abb. 3.5** Das Verkaufsgespräch

handelt, kann sich der Blick in die Bilanz lohnen. Für einen einzelnen Handyvertrag brauchen man jedoch keine Bilanzen zu lesen. In dem Fall macht es jedoch sehr viel Sinn, sich die Vorverträge des Kunden anzusehen. Geht ein Vertriebler gut vorbereitet in ein Gespräch mit dem Kunden, dann fühlt er sich sicherer und kann souveräner auftreten. Das hat eine sehr positive Wirkung auf den Gesprächsverlauf und das Gegenüber.

### 3.6.2 Begrüßung: Gar nicht so einfach

Man sollte meinen, dass die Begrüßung eine Selbstverständlichkeit ist. „Guten Tag" sagen kann doch jeder. Ganz so einfach ist es nicht. Gerade beim Erstgespräch ist die Begrüßung eine etwas längere Angelegenheit. Es geht um das gegenseitige Abtasten, dazu gehört ein offener Blick, ein fester Händedruck, etwas Small Talk über das Wetter, den Verkehr oder irgendein unverfängliches Thema. Es ist nicht kriegsentscheidend, aber hilfreich, wenn der Vertriebler seinem Gesprächspartner ein Kompliment macht. Das öffnet die Situation und stimmt das Gegenüber positiv ein, z. B. „Sie haben aber ein schönes Büro hier!" oder „Was für eine tolle Aussicht."

In anderen Kulturen ist dieses Vorgeplänkel viel ausführlicher und kann im Extremfall Stunden dauern. In China z. B. ist die Überreichung der Visitenkarte ein Ritual. Das Gegenüber nimmt die Visitenkarte mit beiden (!) Händen entgegen und dann wird sie ausführlich begutachtet und gewürdigt. In Deutschland neigen wir dazu, direkt auf den Punkt zu kommen, aber manchmal (und das ist tatsächlich passiert) lässt der Vertriebler sich eineinhalb Stunden lang übers Motorradfahren aufklären, bevor er in den restlichen 20 min des Gesprächs den Auftrag festmacht.

### 3.6.3 Bedarfsanalyse: Die Königsdisziplin

Nachdem man sich eine Zeit lang gegenseitig abgetastet hat, kommt es über kurz oder lang zum eigentlichen Thema des Besuchs. Nach den Höflichkeitsregeln bestimmt der Gastgeber diesen Zeitpunkt. Diese

**Abb. 3.6** Fragetrichter in der Bedarfsanalyse

Regel wird heute aber nicht mehr so eng gesehen. Was nun folgt, ist die klassische Bedarfsanalyse, und das bedeutet, der Vertriebler muss den Bedarf (und die versteckten Bedürfnisse) des Kunden eruieren. Dazu muss der Vertriebler fragen, fragen, fragen. Abb. 3.6 zeigt den klassischen Fragetrichter: mit den offenen Fragen beginnen und mit geschlossenen Fragen aufhören.

> **Offene Fragen in der Bedarfsanalyse**
> - Warum braucht der Kunde das Produkt?
> - Wie will er es nutzen?
> - Was will er damit erreichen?
> - Wie hat er das Problem bisher gelöst?
> - Warum reicht die bisherige Lösung nicht mehr?
> - Wie sieht der Zeithorizont aus?
> - Was kann der Kunde selber leisten?
> - Welche Erwartungen hat der Kunde an den Lieferanten?
> - Welche Preisvorstellungen spielen eine Rolle?

Eine Vorschrift eines deutschen Telekommunikationskonzerns für seine Verkäufer im Shop lautet: Stellen Sie mindestens sechs Fragen, bevor Sie dem Kunden etwas empfehlen. Leider schaffen die meisten Verkäufer gerade mal zwei.

„Wer fragt, führt", sagt der Volksmund, denn die meisten Menschen erzählen gerne und worüber reden viele Menschen am liebsten? Über sich selbst und die eigenen Probleme und Erfolge natürlich. Wenn der Kunde viel redet, dann läuft er Gefahr mehr zu erzählen, als er müsste oder will. Während der Bedarfsanalyse muss der Vertriebler in erster Linie neugierig sein, Fragen stellen, zuhören können, beobachten. Das hilft nicht nur bei der Bedarfsermittlung, sondern auch bei der Bedürfnisanalyse: Will der Kunde keinen Fehler machen, damit ihm niemand einen Vorwurf machen kann nach seiner Entscheidung? Ein nicht zu unterschätzendes Bedürfnis von vielen! Oder handelt es sich um einen Draufgänger, der sowieso weiß, was richtig ist?

Eine Faustregel lautet: In dieser Phase soll der Kunde 70 % reden und der Vertriebler 30 %. Man kann jedoch sicher sein, es ist fast immer umgekehrt. Die Bedarfsanalyse ist entscheidend für den Vertriebserfolg. In dieser Phase werden die Thesen über Bedarf und Bedürfnis des Kunden definiert. Voraussetzung für den Erfolg ist es dabei, die richtigen Annahmen zu treffen. Wie man aus der Logik weiß, kann man aus falschen Annahmen zwar richtige Schlüsse ziehen, das Ergebnis ist dennoch falsch. Deshalb ist es im Vertrieb so wichtig, einmal getroffene Annahmen immer wieder kritisch zu hinterfragen.

### 3.6.4 Angebot: Vorsicht!

Ist die Bedarfsanalyse abgeschlossen, geht es um das Angebot. Der erste Schritt des Angebotes ist nicht ein schriftliches Angebot, sondern die Zusammenfassung der Informationen aus der Bedarfsanalyse: „Ich habe verstanden, dass Sie mit unserer Maschine eine neue Produktionslinie aufbauen wollen. Sie wollen in einem Jahr…" usw. Im zweiten Schritt wird eine (erste) Lösung für den Bedarf des Kunden skizziert: „Ich stelle mir das folgendermaßen vor…", sodass der Kunde korrigierend eingreifen kann. Soweit, so bekannt. Wurde eine für den Kunden interessante

Lösung gefunden, folgt nahezu unvermeidlich die Gretchenfrage: „Was soll der Spaß denn kosten?" Es gibt drei Antwortalternativen:

- **Variante A:** Die Angebote sind standardisiert. Ein Preis kann direkt genannt werden.
- **Variante B:** Ein ungefährer Preis wird genannt.
- **Variante C:** Das Angebot ist komplex und/oder der Preis kann/soll noch nicht genannt werden.

Bei Variante B und C folgt nun regelmäßig der Standardfehler. Ein bestimmter Preis wird genannt, aber leider ist das meistens der, von dem der Vertriebler annimmt, dass es der attraktivste ist, nämlich der niedrigste Preis. Um zu illustrieren, warum das falsch ist, folgendes Beispiel.

> **Beispiel**
> Wenn Sie schon einmal bei einem guten Herrenausstatter einen Anzug gekauft haben, dann ist der Verkauf ungefähr so abgelaufen. Sie äußern den Wunsch, einen Anzug kaufen zu wollen. Der Verkäufer fragt nach und schätzt mit geübtem Blick ihre Größe ab. Er verschwindet und kommt nach kurzer Zeit mit einem Jackett zurück. Er hilft Ihnen in das Jackett und es sitzt perfekt, sieht super aus – und dann schauen Sie auf den Preis. Sie halten kurz die Luft an, denn der Preis liegt weit außerhalb dessen, was Sie sich vorgestellt haben.
> 
> Das weiß auch der Verkäufer, aber in Ihrem Kopf ist bereits das passiert, was beabsichtigt war. Ohne dass Sie es gemerkt haben, ist Ihre Preisvorstellung aufgeweicht worden. Die ursprünglich gedachte Preisobergrenze scheint, so Ihr Unbewusstes, nicht ganz auszureichen. Das wird durch das teure Jackett suggeriert. Was dann passiert, ist klar. Sie fragen nach einem „etwas" preisgünstigeren Jackett und wenn der Verkäufer sehr gut ist, liegt der Preis des Sakkos nun etwas über dem, was Sie sich als Preisobergrenze gedacht haben. Das Sakko sitzt gut, aber nicht so perfekt wie das erste. Vielleicht fragen Sie nun noch nach einem noch preisgünstigeren. Das sitzt aber im Vergleich so schlecht, dass Ihnen die Wahl nicht schwerfällt. Natürlich entscheiden Sie sich für das mittlere.
> 
> Drehen wir den Spies einmal rum: Was wäre passiert, wenn der Verkäufer Ihnen zuerst das preiswerte Sakko zum Probieren gebracht hätte? Das mittlere hätten Sie natürlich noch anprobiert, aber das ganz teure hätte der Verkäufer Ihnen nicht einmal anbieten können.

Dieses sehr anschauliche Beispiel belegt die goldene Preisregel im Vertrieb: Runter geht's immer, rauf geht's nimmer. Was sich der Verkäufer oben zunutze macht, ist eine geschickte Form der preislichen Desensibilisierung. Dies wird durch das folgende Experiment deutlich.

Die Teilnehmer wurden aufgefordert, die letzten vier Ziffern ihrer Kontonummer auf ein Blatt Papier zu schreiben, also quasi eine Zufallszahl. Anschließend wurden sie aufgefordert, die Zahl aller niedergelassenen Ärzte in Düsseldorf zu schätzen und auf demselben Blatt zu notieren. Interessanterweise schätzen diejenigen, die eine hohe Zufallszahl aufgeschrieben haben, die Zahl der Ärzte deutlich höher ein als diejenigen mit einer niedrigen Zufallszahl. Durch die erste aufgeschriebene Zahl wird in unserem Gehirn unbewusst ein Referenzwert verankert, an dem wir uns – ob wir wollen oder nicht – orientieren. Das muss man wissen, wenn es im Verkaufsgespräch um die Preisfrage geht.

Viele Vertriebsmitarbeiter mögen die Preisfrage nicht, weil sie immer die „Das ist aber teuer"-Antwort fürchten. Dabei fehlt der Antwort ein entscheidendes Wort. Ohne dass es vom Kunden gesagt wird, wird vom Vertriebler gerne das Wort *„zu"* ergänzt: „Das ist aber *zu* teuer"! Der Vertriebler will den Auftrag unbedingt und denkt, dass es am Preis scheitern könnte. Deshalb kalkulieren viele – in einer Art vorauseilendem Gehorsam – den Preis schon so niedrig wie möglich und sitzen dann in einer Falle, aus der sie nicht mehr herauskommen. Einen einmal aufgerufenen Preis zu erhöhen, ist praktisch nicht mehr möglich (oder zumindest sehr schwer).

Wieso dieses Vorgehen falsch ist, illustriert die Abb. 3.7. Dort wird die emotional-sachliche Bedeutung von vier Aspekten im Verkaufsprozess dargestellt. Wenn man die Abbildung betrachtet, fällt vielleicht auf, dass die Phasen sich von den Phasen in Abb. 3.6 unterscheiden. In Abb. 3.6 wird der Verkaufsprozess aus Sicht des Vertrieblers, in Abb. 3.7 aus Sicht des Kunden betrachtet. Um die Erläuterung möglichst anschaulich zu machen, greifen wir dazu auf ein lebensnahes Beispiel zurück: den Autokauf.

Erläuterungen zu den Phasen des Verkaufsprozesses:

- **Bedürfnisse:** die Bedarfs- und Bedürfnislage des Kunden und deren Bedeutung
- **Kosten:** die Kostensensibilität des Kunden

# 3 Mythos 3: Kunden entscheiden rein rational

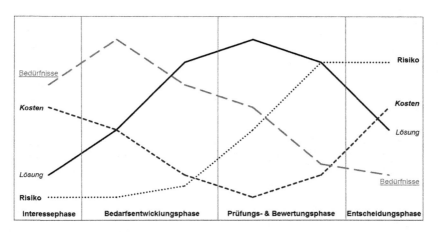

**Abb. 3.7** Phasen des Vertriebsprozesses

- **Lösung:** die Wichtigkeit der Lösung für den Kunden. Sie deckt sich in vielerlei Hinsicht mit dem rationalen Bedarf des Kunden.
- **Risiko:** beschreibt, wie hoch das Entscheidungsrisiko für den Kunden ist.

> **Beispiel**
> 1. **Interessephase**
> In dieser Phase nimmt der Kunde einen hohen Bedarf oder ein wachsendes Bedürfnis für ein neues Auto wahr. Z. B. kann es sein, dass er bisher einen Sportwagen fährt, die Familie aber Zuwachs bekommt und daher ein größeres Auto notwendig ist. Dieser Bedarf spielt eine große Rolle in seinen Überlegungen. Natürlich spielen auch die Kosten eine maßgebliche Rolle, denn er muss sich einordnen: Will er ein Auto aus dem Luxussegment, einen Mittelklassewagen oder einen Kleinwagen? Die Einordnung hat sowohl mit seinem Portemonnaie als auch mit seinen Bedürfnissen zu tun. Die Lösung, d. h. das Modell oder die Ausstattung (starker Motor oder Navigationssystem), spielt an dieser Stelle eher eine untergeordnete Rolle. Das Entscheidungsrisiko ist in dieser Phase irrelevant, denn der Kunde muss noch keine Kaufentscheidung treffen. Bildlich gesprochen, steht der Kunde in dieser Phase vor dem Laden und schaut sich die Modelle durch das Schaufenster an. In der nächsten Phase betritt er das Geschäft.

2. **Bedarfsentwicklungsphase**
   Wenn er den Laden betritt und vielleicht auch mal in einem Auto sitzt, steigen die Bedürfnisse erst einmal an. Gleichzeitig wird die Lösung aber immer wichtiger, sodass die Bedürfnisse nach und nach in den Hintergrund treten. Wenn der Kunde auf einen guten Verkäufer trifft, wird nun der Bedarf des Kunden entwickelt und dabei fallen dem Kunden z. B. Dinge ein, an die er vorher gar nicht gedacht hat. So wird ihm plötzlich klar, dass eine Einparkhilfe sehr wichtig wäre, denn seine Frau hat oft Probleme mit dem Einparken. Die Kosten spielen in dieser Phase eine nachgeordnete Rolle und wenn der Kunde bei den Extras zögert, antwortet der kluge Verkäufer: „Wir schreiben das erst einmal auf und nachher berechnen wir das Paket. Streichen können wir immer noch." Das Entscheidungsrisiko steigt leicht an, denn es wird klar, dass es eine vernünftige Lösung geben wird.
3. **Prüfungs- & Bewertungsphase**
   In dieser Phase ist die Lösung gefunden, das Auto erfüllt alle Kriterien, die der Kunde haben will. Diese werden vom Verkäufer noch einmal zusammengefasst. Dann macht er sich dran, den Preis zu ermitteln, und wie immer im Leben kommt ein viel höherer Betrag heraus als ursprünglich geplant. Also wird erneut geprüft, ob die Einparkhilfe wirklich erforderlich ist, und sie wird gegebenenfalls gestrichen. Mit anderen Worten, der Kostenaspekt nimmt in der Bedeutung wieder zu. Die anfangs so wichtigen Bedürfnisse können jetzt vernachlässigt werden, dafür steigt das Entscheidungsrisiko rasant an. Am Ende dieser Phase steht das fertige Angebot und es geht über in die Entscheidungsphase.
4. **Entscheidungsphase**
   Wenn der Kunde bis zu diesem Zeitpunkt dabei geblieben ist, hat der Verkäufer alles richtig gemacht. Jetzt aber wird es kritisch, denn der Kunde weiß, dass er sich allmählich entscheiden muss. Das Risiko einer richtigen oder falschen Entscheidung ist jetzt am größten. Die Bedürfnisse spielen fast keine Rolle mehr. Wenn man die drei Faktoren Risiko, Kosten und Lösung in eine mathematische Gleichung packen würde, könnte sie ungefähr so aussehen:

$$Risiko = \frac{L\ddot{o}sung}{Kosten}$$

Der Kunde fragt sich mehr oder weniger bewusst: Stehen Kosten und Leistung im richtigen Verhältnis zum Risiko? Ist der Preis angemessen für das, was ich bekomme? Kann ich mir das leisten? Erfüllt es meine Erwartungen? Jetzt und erst jetzt braucht der Verkäufer noch etwas in der Hinterhand, um das Risiko für den Kunden zu minimieren. Dazu hat er zwei Stellschrauben: Entweder er erhöht die Leistung („Die Einparkhilfe gebe ich Ihnen ohne Aufpreis noch dazu.") oder er senkt den Preis („Ich lasse Ihnen 500 € nach, wenn Sie noch heute unterschreiben."). Der

> normale private Automobilkäufer zögert in dieser Phase und meint: „Ich nehme das jetzt noch einmal mit und werde darüber mit meiner Frau sprechen." Sie kommt dann am nächsten Tag mit und entscheidet letzte Details.

Im B2B-Bereich ist – bei größeren Angeboten – die Bedenkzeit das bereits erwähnte „schwarze Loch des Vertriebs". Das Angebot ist abgegeben und der Kunde wird in endlosen Sitzungen genau das tun, was der Autokäufer auch macht: Kosten und Nutzen gegeneinander abwägen, ohne dass der Vertriebler etwas davon mitbekommt.

### 3.6.5 Cross Selling: Ist kein hausieren

Eines steht fest: Beim Cross Selling wird das meiste Geld liegen gelassen. Da hat der Vertriebler den Kunden vor der Brust und er merkt, dass der Kunde kaufbereit ist. Das ist der beste Zeitpunkt den Bedarf des Kunden ein wenig zu steigern. Dies erfolgt durch den Verkauf von Zusatzprodukten, z. B. dem Wartungsvertrag für eine Maschine.

> **Beispiel**
>
> Wieder eignet sich der bereits beschriebene Herrenausstatter als Musterbeispiel. Sie haben sich für einen Anzug entschieden, sagen wir für 500 €. Der Schneider ist gerade dabei die Hose abzustecken, da kommt der Verkäufer mit einem wunderbaren Hemd und einer schön drapierten Krawatte, legt es in das Sakko und meint zu Ihnen: „Schauen Sie doch mal, das passt doch ganz wunderbar, oder?" Vermutlich wird es schwerfallen, dem Verkäufer zu widersprechen. Wenn Sie dann noch in die Falle tappen und Hemd und Krawatte anprobieren, dann haben Sie schon fast verloren. Und falls Sie noch zögern, so hat sich Ihre Begleiterin längst entschieden.
>
> Auch hier macht sich die oben beschriebene preisliche Desensibilisierung bemerkbar. Sie haben sich für einen teuren Anzug für 500 € entschieden, vielleicht keine leichte Entscheidung, aber der Preisanker in Ihrem Kopf ist gesetzt. Jetzt erscheint der Preis von 70 € für ein Hemd und 50 € für eine Krawatte nicht mehr hoch und die Entscheidung fällt viel leichter.

Von vielen Verkäufern und Vertrieblern wird Cross Selling oder das alternative Up Selling etwas naserümpfend betrachtet. Beides klingt leicht nach dem Hausiererprinzip: „Sie brauchen keine Kleiderbürste? Ich habe auch Zahnbürsten, brauchen Sie die? Oder eine Schuhbürste? Auch nicht? Wie wäre es denn mit einer Haarbürste?" Das Hausiererprinzip zeigt aber das Fehlen einer vernünftigen Bedarfsanalyse. Es geht beim Cross Selling nicht darum etwas anzubieten, sondern darum – wie beim Herrenausstatter – Bedarf zu wecken! Zum Beispiel so: „Wenn Sie unseren Wartungsvertrag abschließen, dann haben Sie praktisch keine Ausfallzeiten bei der Maschine und Ihre Produktion läuft noch wirtschaftlicher." Das wäre die Nutzenargumentation, wie Sie sie auch in Abschn. 4.2 finden, im Falle des Wartungsvertrages. Allerdings besteht die Gefahr, dass der Kunde bereits eine Lösung für das Problem hat. Das nächste Cross-Selling-Angebot („Ich empfehle Ihnen auch unser spezielles Maschinenöl, mit dem die Maschine sehr zuverlässig läuft.") wirkt nun schon fast genauso wie der Bürstenverkäufer.

Besser – und damit entgeht man der unangenehmen Hausierermethode – ist es, den Zusatzbedarf durch eine Frage zu wecken (Wer fragt, führt!): „Wie haben Sie sich denn bisher gegen Ausfallzeiten der Maschinen abgesichert?" Diese Art der Frage ist außerordentlich raffiniert, denn man unterstellt dem Gegenüber, dass er ein Problem erkannt und auch gelöst hat. Nun gibt es zwei Varianten: Es kann sein, der Kunde hat

- bereits eine Lösung für das Problem, dann wird er erläutern, wie er das gemacht hat. Das Charmante daran: Der Vertriebler erfährt mehr über den Kunden und er hat nichts angeboten, was der Kunde nicht gebrauchen kann.
- bisher keine Lösung für das Problem oder ist sich des Problems noch gar nicht bewusst. Dann braucht der Vertriebler den Ball nur noch ins Tor zu schießen. „Nun, wir könnten das Problem mit einem Wartungsvertrag lösen, wäre das interessant für Sie?"

### Exkurs: Rhetorische Figuren

An dieser Stelle macht es Sinn, einen kurzen Blick auf die Rhetorik zu werfen, denn deren Regeln gelten auch im Vertrieb. Bei der Fragestellung, wie man die eigenen Vorteile (Argumente) am besten in Gesprächen oder Präsentationen

# 3 Mythos 3: Kunden entscheiden rein rational 73

einsetzt, gibt es in vielen Fällen erheblichen Verbesserungsbedarf. Es gibt vier grundsätzliche Varianten:

- Durchbruchstrategie (s. Abb. 3.8)
- Dramatisierende Reihe (s. Abb. 3.9)
- Argumentationskette (s. Abb. 3.10)
- Pro und Contra (s. Abb. 3.11)

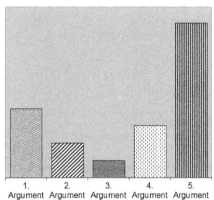

**Vorgehen:**
Nach eher schwachen Argumenten das stärkste am Schluss.
**Ziel:**
Überspielen, dass man nur **ein** starkes Argument hat.
**Botschaft:**
Da seid ihr überrascht, oder?

**Abb. 3.8** Durchbruchstrategie

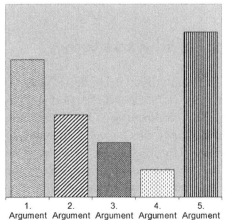

**Vorgehen:**
Mit starkem Argument beginnen, mit stärkstem Argument beenden.
**Ziel:**
Schwächere Argumente relativieren.
**Botschaft:**
Ich bin sehr stark!

**Abb. 3.9** Dramatisierende Reihe

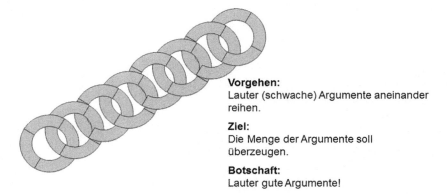

**Abb. 3.10** Argumentationskette

Vorgehen:
Lauter (schwache) Argumente aneinander reihen.

Ziel:
Die Menge der Argumente soll überzeugen.

Botschaft:
Lauter gute Argumente!

**Abb. 3.11** Pro und Contra

Vorgehen:
Argumente gegenüberstellen.

Ziel:
Im laufenden Vergleich von Pro und Contra sind die Pro-Argumente stärker.

Botschaft:
Ich bin objektiv!

### 3.6.6 Abschluss: Davor liegt das schwarze Loch

Wenn das Angebot etwas größer ist, kann man nach der Abgabe des Angebots nichts mehr tun. „Alea iacta est", die Würfel sind gefallen. Jetzt kommt, wenn man so will, die Geduldsphase. Der Kunde muss das Angebot nun vergleichen, diskutieren, die Mittel freigeben, den Einkauf einschalten usw. Je größer das Unternehmen, desto mehr Zeit braucht es. Es kann dauern, weil noch ein zweites, drittes oder viertes Gremium zustimmen muss oder zumindest meint, mitreden zu müssen. Diese Abstimmungsprozesse können ungeheuer viel Zeit in Anspruch nehmen. Sie sind unvorhersehbar. Der übliche Rat lautet: Fragen Sie nach! Rufen Sie den Kunden an und fragen, wie denn der Stand der Dinge ist. Das zeigt Interesse und wie ernst man die Angelegenheit nimmt.

Vielleicht gibt es Kunden, die nicht begreifen, dass eine Firma Interesse an Aufträgen hat. Der Regelfall dürfte das nicht sein. Das Problem ist ein anderes: Gerade in großen Unternehmen brauchen Entscheidungen lange. Nach Abgabe eines Angebots beginnt im B2B-Bereich das „schwarze Loch des Vertriebs". Ab diesem Zeitpunkt gibt es keine Einflussmöglichkeiten mehr für den Anbieter.

Irgendwann kommt die Auftragsbestätigung oder die Absage. Leider ist es eine verbreitete Unsitte, dass Absagen nicht immer mitgeteilt werden. Gelegentlich hört der Vertriebler über Umwege, dass sein Angebot nicht angenommen wurde. Die menschlich verständliche Reaktion des Vertrieblers ist Enttäuschung und Ärger: „Warum sagen sie mir nicht Bescheid, das ist das Wenigste, was sie tun könnten." Empört ruft er beim Kunden an und stellt ihn, mehr oder weniger aufgebracht, zur Rede. Dadurch gerät der Kunde in eine unangenehme Lage, er muss sich rechtfertigen, hat vielleicht ein schlechtes Gewissen, aber ändern kann und wird sich an der Entscheidung nichts. Der Vertriebler hat im besten Fall einen emotionalen Triumph eingefahren, aber das ist ein Sieg, der nach hinten losgeht. Wird der Kunde ihn noch einmal zur Abgabe eines Angebotes auffordern? Eher nicht und damit ist die Tür zu. Auch wenn es manchmal schwerfällt, nichts zu sagen ist meistens sinnvoller, als der Empörung freien Lauf zu lassen.

> Hilfreich ist in solchen Fällen eine Anleihe beim preußischen Militär. In einer Militärvorschrift des 19. Jahrhunderts galt: Jeder Soldat darf sich über jeden anderen Soldaten oder Offizier (auch über einen General) beschweren. Die Beschwerde wird ernsthaft bearbeitet, allerdings ist eine Regel zu beachten. Bevor der Soldat die Beschwerde einreicht, muss er eine Nacht darüber geschlafen haben. Die Erfahrung lehrt, viele Beschwerden haben sich dann nämlich erledigt.

Häufig hört man auch den Ratschlag, man solle nach einer Absage unbedingt nachfragen, wieso das Angebot nicht angenommen wurde. Das würde Interesse zeigen und man würde hilfreiche Informationen erhalten. Ich bin da skeptisch. Wenn ich das getan habe, erhielt ich in den wenigsten Fällen substanzielle und aufrichtige Antworten. Noch dazu nahm ich in den meisten Fällen wahr, dass der Anruf unangenehm berührte. Wenn mich meine Wahrnehmung nicht täuschte, hinterließ dieses Nachfragen einen eher negativen Eindruck und brachte keine Erkenntnisse. Andere mögen aber bessere Erfahrungen gemacht haben.

Eines muss einschränkend hinzugefügt werden: Das schwarze Loch des Vertriebs tritt nur auf, wenn es sich um größere und komplexere Angebote handelt – um im Bild zu bleiben – wenn es genug Masse hat. Bei kleineren Angeboten, nehmen wir das Beispiel Büromaterial oder kleinere Hardwarebeschaffungen, ist es dagegen wichtig, die berühmte (geschlossene) Abschlussfrage (siehe Abb. 3.6) zu stellen: „Wollen wir das jetzt so machen?". Es geht darum, dem Kunden bei der Entscheidung zu helfen und sei es durch die Abschlussfrage.

**Fazit**

- Je präziser die Zielgruppe beschrieben werden kann, desto mehr sinkt der Vertriebsaufwand und umso erfolgreicher kann der Vertrieb arbeiten.
- Die Zielgruppe sollte sich am Kundenbedarf orientieren. Er stellt das dar, wofür der Kunde bewusst eine Lösung sucht.
- Das Bedürfnis bedingt ebenfalls die Zielgruppe. Es bildet die emotionalen, häufig unbewussten Aspekte der Kaufentscheidung ab.
- Den Kunden zu fragen, warum er sich für Ihr Produkt entschieden hat, ist die einfachste Form der Marktanalyse. Qualitative Marktanalysen helfen, die Produkt-, Vertriebs- und Marketingplanung zu optimieren.
- Es reicht nicht, dem potenziellen Kunden etwas einmal zu sagen. Die Botschaft – und sie sollte nur *eine* sein – muss permanent wiederholt werden. Immer wieder anders, aber es sollte immer dieselbe Botschaft sein.
- Mit der Vorbereitung eines Kundengesprächs lässt sich der Vertriebserfolg nachweislich spürbar steigern.
- Begrüßung ist Small Talk. Das hilft, um die Situation zu öffnen, aber nicht jedem liegt das im Blut.
- Wer keine Fragen stellt, wird nicht erfahren, was der Kunde braucht, und nur das, was der Kunde braucht, wird er vermutlich auch kaufen. Lernen Sie, Fragen zu stellen. Wer wenig Erfahrung damit hat, sollte sich fünf bis zehn Fragen vorher aufschreiben.

- Das Angebot ist der Abschluss des aktiven Verkaufsprozesses im B2B. Die richtige Entscheidung muss nun getroffen werden. In dieser Phase ist der Kunde am unsichersten. Sie brauchen nun noch etwas in der Hinterhand, um den Kunden bei der Kaufentscheidung zu helfen.
- Cross Selling ist nichts anderes als eine um passende Produkte erweiterte Bedarfsanalyse.
- Wenn der Kunde nach der Abgabe des Angebotes nichts von sich hören lässt, dann ist das normal. Geduld ist hier gefragt. Manchmal ist das schwer auszuhalten, aber man hat keine andere Wahl.

# Literatur

Gigerenzer G (2008) Bauchentscheidungen. Goldmann, München

# 4

# Mythos 4: Das ideale Produkt ist ein iPhone

**Zusammenfassung** Auch wenn man vertrieblich vom Kunden her denken sollte, braucht man natürlich ein Produkt. Da aber in den meisten Fällen vom Produkt her gedacht wird, wird das Produkt gerne sowohl über- als auch unterschätzt. Unterschätzt wird es, wenn man beispielsweise denkt, dass das Produkt ganz viele Funktionen (Features) haben sollte und diese (noch) nicht vorhanden sind. Insbesondere solche, nach denen der Kunde scheinbar verlangt. Die Fixierung des Erfinders auf sein Produkt vermittelt ihm leicht den Eindruck, das Produkt könne noch nicht genug, muss weiterentwickelt werden usw. Wichtiger ist aber auch hier der Blick auf den Kunden: Was kauft er eigentlich, welchen Nutzen hat das Produkt für ihn? Und das führt automatisch zu dem am meisten überschätzen Aspekt des Produktes: dem Preis. Der Preis des Produktes ist nicht verkaufsentscheidend, wenn er vom Kunden her gedacht wird. Wie Sie sich diesem Aspekt annähern können, wird nun beschrieben.

Das ideale Produkt (oder eine Dienstleistung) ist einfach beschrieben. Das Produkt ist einzigartig und patentgeschützt. Es hat alle (technischen) Merkmale, die der Kunde braucht. Es entspricht allen Gesetzen, Normen und Umweltstandards, ist dafür zertifiziert und erfüllt idealerweise auch noch die hohen moralischen Anforderungen der Öffentlichkeit (Beispiel: Hühnerställe). Das Produkt hat einen hohen Qualitätsstandard und sieht auch noch super aus. Gewährleistung, Reparaturen oder Anpassungen sind gering, und das Ganze ist noch dazu preisgünstig. So oder so ähnlich jedenfalls stellen sich viele Unternehmen das ideale Produkt vor. Manche glauben auch, dass sie genauso ein Produkt haben (vielleicht weicht es in ein oder zwei Kriterien etwas ab). Warum ist es dann aber so schwierig, das Produkt zu verkaufen? Weil die Bedeutung des Produktes für den Vertrieb fast immer überschätzt wird.

> **Denkanstöße**
> - Mehr als 98 % aller Unternehmen bieten Me-too-Produkte oder -Leistungen an, also Produkte, die das leisten, was andere auch können (Beispiele: Haare schneiden, Waren von A nach B transportieren). Die zentrale Dienstleistung oder den Nutzen des Produkts kann man also „an jeder Straßenecke" bekommen. Daher geht es erst einmal darum, sich vom Wettbewerber zu unterscheiden.
> - Die meisten Anbieter behaupten: Wir machen es besser als die anderen! Der Kunde, oft Laie auf dem Gebiet, ist kaum in der Lage, das zu beurteilen.
> - Oft stehen bei der Präsentation der Produkte (insbesondere im technischen Bereich) die Produktmerkmale im Vordergrund, anstatt den Kundennutzen in den Fokus zu nehmen.
> - Gesetze, Normen, Umweltstandards, technische und moralische Forderungen der Öffentlichkeit stehen im Widerspruch zueinander und lassen sich kaum unter einen Hut bringen (siehe der Dieselskandal von Volkswagen). In jedem Fall führt das Bemühen darum immer zu deutlich steigenden Kosten, womit die „preisgünstig"-Regel konterkariert wird.

Um es klipp und klar auf den Punkt zu bringen:

> Unterdurchschnittliche Produkte machen Erfolg nicht unmöglich, Spitzenprodukte sind jedoch noch lange kein Erfolgsrezept.

Dafür gibt es bekannte Beispiele. In den 1980iger Jahren hatte das technisch überlegene Betacom-Videosystem gegenüber VHS keine Chance. Wenig später setze sich Microsoft mit seinem Betriebssystem gegen Apple durch, dessen Betriebssystem seiner Zeit weit voraus war. Wie wichtig sind also Produktmerkmale? Was interessiert Kunden mehr als irgendwelche zusätzlichen Features? Wofür bezahlt der Kunde und welchen Preis ist er bereit auszugeben? Wie kann man mehr aus einem Kunden herausholen? Das sind die Fragen für dieses Kapitel.

## 4.1 Produktmerkmale: Nice to have

Egal, mit welchem Unternehmen man spricht, es gibt keines, das nicht von sich behauptet, dass es die Dinge besser macht als der Wettbewerber. Dabei spielt es keine Rolle, ob es sich um Suppenhersteller, Softwareunternehmen, Kabelhersteller, Kaffeeröstereien, Friseure oder Markthändler handelt. Es gilt die AGABU-Regel („alles ganz anders bei uns"). Wenn man dann nachfragt, worin denn dieses „anders" besteht, kommen ungefähr folgende Aussagen:

- „Unsere Suppen sind von viel besserer Qualität." (Suppenhersteller)
- „Wir entwickeln Software nach der XYZ-Methode." (Softwareunternehmen)
- „Unsere Kabel sind viel leichter und trotzdem stabiler." (Kabelhersteller)
- „Unser Kaffee wird viel schonender geröstet als in den Großröstereien" (Kaffeerösterei)
- „Wir benutzen nur vegane Shampoos und sind trotzdem sehr preiswert." (Friseur)
- „Mein Obst ist handverlesen und nur 1 A-Ware." (Markthändler)

Interessiert es den Kunden, ob das Obst handverlesen ist? Ist es ihm wichtig, dass die Ware als 1 A-Ware klassifiziert ist? Vielleicht sind der Geschmack und Aussehen wichtiger als die Klassifikation. Interessiert es den Anwender, nach welcher Methode die Software entwickelt wurde? Es ist ihm vermutlich egal, Hauptsache, die Software funktioniert vernünftig. Es ist schön, dass der Friseur nur vegane Shampoos benutzt, aber interessiert das seine Kunden wirklich? Das kann schon sein. Aber würden die Kunden, denen das wichtig ist, dafür nicht auch mehr bezahlen? Die Aussagen beschreiben Produktmerkmale oder Produktfunktionen. Das sind Dinge, die ein Produkt „kann" oder „hat", beispielsweise, dass ein Auto 200 PS hat und 250 km/h schnell fahren kann.

Die meisten Unternehmen versuchen sich irgendwie vom Wettbewerber zu unterscheiden. Dazu machen sie vielleicht Dinge anders, also (vermeintlich) besser als andere. Natürlich ist das wichtig. Wirklich innovativ sind dabei aber die wenigsten. Das iPhone war so ein Beispiel für echte Innovation im Technologiebereich. Apple hat ein Produkt auf den Markt gebracht, das mit neuartigen Funktionen Begeisterung ausgelöste. Der Erfolg war sensationell, das Produkt traf den Nerv der Zeit und darüber hinaus wurde es zum Kult. Die Wettbewerber sahen sich das Produkt genau an und wollten so schnell wie möglich an dem Erfolg partizipieren und haben es ähnlich nachgebaut. Das genau ist das Problem. Die Funktionen oder Merkmale eines Produktes lassen sich in rasendem Tempo nacharbeiten. Es gibt nur eine (seltene) Ausnahme, dann nämlich, wenn ein Produkt einen Patentschutz hat, und kein Wettbewerber in der Lage ist, eine vergleichbare Funktion basierend auf einer anderen technischen Lösung anzubieten.

Ein schönes Beispiel dafür ist die 14-Gang-Nabenschaltung für Fahrräder der Firma Roloff. Keinem anderen Hersteller auf der Welt ist es bisher gelungen, ebenfalls 14 Gänge in einer Fahrradnabe unterzubringen, ohne die Patentrechte zu verletzen. Deswegen kann Roloff seine Nabe noch teurer verkaufen als Apple sein iPhone. Doch auch in diesem Fall gilt: Eine solche Nabe verkauft sich nicht von alleine. Im Gegenteil, gerade die Deutschen sind für ihre Skepsis bei Innovationen weltweit bekannt. Abb. 4.1 beschreibt ursprünglich einen Change-Prozess in Unternehmen, lässt sich aber quasi 1:1 auf den vertrieblichen Erfolg bei Innovationen übertragen. Vielleicht lässt sich der Prozess beschleunigen, indem ein Riesen-Etat für Marketing und Vertrieb ausgegeben wird, ein Garant für Erfolg ist das aber auch nicht.

Wenn die meisten Produkte Me-too-Produkte sind, dann bleiben einem nur zwei Möglichkeiten: entweder man ist (vermeintlich) billiger oder (vermeintlich) besser. Der Zusatz „vermeintlich" gilt deshalb, weil es natürlich unterschiedliche Bewertungsmaßstäbe gibt. Ein preiswertes

## 4 Mythos 4: Das ideale Produkt ist ein iPhone

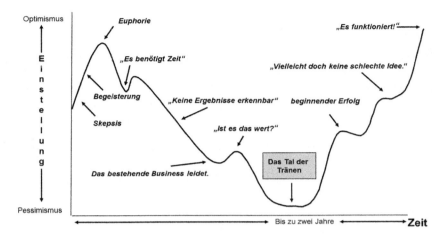

**Abb. 4.1** Innovationen in den Markt bringen

Produkt geht vielleicht schneller kaputt und muss häufiger erneuert werden, da ist der Preisunterschied schnell aufgezehrt. Ein „besseres" Produkt hat vielleicht viel mehr Funktionen, aber braucht der Kunde die alle? Hat er davon wirklich Vorteile?

Wenn ein Unternehmen behauptet, dass es etwas besser kann, dann muss auch der Beweis erbracht werden. Die Beweisführung erfolgt in der Regel über folgende Merkmale:

- eine andere, bessere, erweiterte Funktionalität des Produkts (Dieses Auto fährt schneller als alle anderen.)
- die Nutzung einer speziellen (möglichst innovativen) Technologie (Auto mit Hybridantrieb)
- den Einsatz einer anderen (neuen) Entwicklungsmethodik (z. B. SCRUM)
- die Einhaltung bestimmter Ansprüche oder Standards im Bereich
  - Technik (mehr Pixel in der Kamera)
  - Ökologie (Strom aus erneuerbaren Energien)
  - Ethik (fair gehandelter Kaffee)

Diese alle sind nichts anderes als Produktmerkmale. Der positive Effekt dieser Entwicklung ist, dass die Produkte weiterentwickelt werden, noch mehr Funktionalitäten erhalten, bequemer, genauer, besser werden. Dadurch differenziert sich der Markt weiter. Gleichzeitig bedeutet das aber, dass die Schwierigkeit bei der Auswahl der Produkte steigt. Die Auswahlkriterien sind so gewaltig, dass der Kunde, auch der Businesskunde, nur allzu oft mit der Auswahl überfordert ist.

Deutlich wird dies an dem Marmeladenexperiment der Psychologen Sheener S. Iyengar aus New York und Mark Lepper von der Stanford-Universität (Iyengar und Lepper 2000). In einem Delikatessengeschäft wurden Marmeladen angeboten. Das Ergebnis ist überraschend (s. Abb. 4.2).

Das Beispiel zeigt, je mehr Auswahl der Kunde hat, desto weniger kauft er. Vermutlich ist dieser Effekt darauf zurückzuführen, dass der Aufwand des Kunden in Bezug auf die Entscheidungsfindung steigt

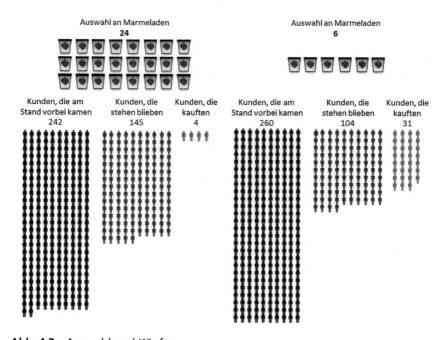

**Abb. 4.2** Auswahl und Käufer

und er deshalb gar keine Entscheidung trifft. Jeder, der schon einmal zwei etwas komplexere Handwerkerangebote verglichen hat, kennt das Problem. Die Angebote sind für den Laien kaum vergleichbar. Um zu einer Entscheidung zu kommen, orientiert man sich in der Regel an einigen wenigen Merkmalen im Angebot, z. B. dem Preis, der technischen Ausstattung und sehr oft an dem Eindruck, den der Handwerker auf einen gemacht hat – simple heuristics, wie im Abschn. 3.5 beschrieben.

Die Entscheidungszusammenhänge von Unternehmen sind in vielen Fällen wesentlich komplexer als die Auswahl einer Marmelade. Wieder kommt es darauf an, seine Zielgruppe so genau wie möglich zu kennen. Was sind die simple heuristics, auf die die Zielgruppe am meisten Wert legt? Anders gefragt: Welche 10 % der Produktmerkmale sind für den Kunden entscheidend? Hier gibt es nur den Weg über die Marktanalyse. Wie KMU das mit vergleichsweise geringem Aufwand machen können, wurde bereits in Abschn. 3.2 beschrieben. Ohne solche Analysen besteht die Gefahr, dass es einem ähnlich wie im oben beschriebenen Experiment ergeht, siehe das folgende Beispiel.

> **Beispiel**
>
> Ein Softwareunternehmen hat eine Software zum Management von Schulungen entwickelt. Seminare, Trainer, Teilnahmebescheinigungen, Rechnungen und vieles andere mehr werden darin verwaltet. Es handelt sich also um eine Software, die Trainingsunternehmen das Leben sehr erleichtert. Der Vertrieb lief los, um potenziellen Kunden das Produkt anzubieten und kam immer zurück mit neuen Anforderungen, die die Kunden stellten. Der eine meinte, es müsse unbedingt noch eine Ressourcenverwaltung (Räume, Medien, Hardware) integriert werden, sonst mache es für ihn keinen Sinn. Der nächste benötigte eine ausgefeilte Aftersales-Funktionalität und der dritte die Integration von E-Learning-Komponenten.
>
> Was passierte nun? Der Vertrieb sagte: „Ich kann das nur verkaufen, wenn diese oder jene Funktion integriert wird." Also wurden, mit viel Aufwand, die Funktionen dazu entwickelt, in der Hoffnung, dass die Kunden dann die Software kaufen würden. Leider erfüllte sich die Hoffnung nicht.

Produktmerkmale zu durchschauen, ist immer schwierig, sofern sie nicht durch Standardisierung überschaubar gemacht werden. Jeder, der schon einmal versucht hat, Mobilfunktarife verschiedener Anbieter miteinander zu vergleichen, wird das bestätigen können. Es ist eine Frage des moralischen Standpunkts, ob man sich diese Undurchschaubarkeit zunutze machen möchte. Entscheidet man sich dagegen, muss man aber mit Wettbewerbsnachteilen rechnen.

> **Beispiel**
>
> Ein Unternehmen hatte sich auf den Vertrieb und die Finanzierung von Solaranlagen spezialisiert. Der Start dieses Geschäfts verlief holprig, obwohl das Unternehmen einen sehr günstigen Zulieferer hatte. Tatsächlich kamen sie mit ihrem Angebot häufig nicht zum Zuge, weil sie teurer waren als der Wettbewerber. Bei der Analyse stellte sich heraus, dass der Preisunterschied zustande kam, weil das Unternehmen als zusätzliches Produktmerkmal den erforderlichen Anschluss an das öffentliche Stromnetz mit einkalkulierte. Die Wettbewerber ließen dies einfach unter den Tisch fallen. Den meisten Kunden war die Notwendigkeit nicht klar und sie merkten das erst, als die Anlage auf dem Dach war. Als das Unternehmen sich dieser Praxis anschloss, lief das Geschäft ausgesprochen gut.

## 4.2 Produktnutzen: Ist besser

In Abschn. 4.1 wurde aufgezeigt, dass Produktmerkmale wichtig sind, aber in ihrer Bedeutung überschätzt werden. Produktmerkmale diesen in erster Linie dazu, sich vom Wettbewerber abzugrenzen. Wichtiger als Produktmerkmale ist der Kundennutzen. Die Frage, die der Vertrieb dem Kunden immer beantworten muss, lautet: Was hat der Kunde davon, wenn er sich für mein Produkt oder meine Dienstleistung entscheidet? Der Kunde kauft z. B. eine neue Softwareanwendung in aller Regel nicht, weil diese in der neuesten Programmiersprache geschrieben wurde, sondern weil er ein Problem hat und es lösen will. Das ist, wie bereits beschrieben, der Bedarf/das Bedürfnis des Kunden. Er

- hat Probleme mit der alten Software oder
- will Prozesse standardisieren oder

- will Kosten senken oder
- will die Qualität steigern oder
- will immer das Beste für sein Unternehmen haben oder
- ist gezwungen (z. B. durch Behörden) sich eine solche Software anzuschaffen.

Die Liste lässt sich fortsetzen. Anders formuliert: Der Kunde will sich eines Problems entledigen. Die Lösung dieses Problems ist es, was den Kunden interessiert. Er läuft mit einem großen Fragezeichen durch die Gegend und wundert sich: Mit welchem Produkt kann ich mein Problem am besten lösen? Das ist der Nutzen, den das Produkt für den Kunden hat. Die Antworten des Anbieters im Beispiel müssten demnach lauten: Die Software

- löst Softwareprobleme oder
- standardisiert Prozesse oder
- senkt die Kosten oder
- steigert die Qualität oder
- ist das Beste oder
- stellt die Behörde zufrieden.

Damit werden die Fragen aus der Perspektive des Kunden beantwortet. Das ist etwas anderes als die Behauptung, dass „die Software die Unternehmensbilanz in Sekundenschnelle" ausspucken kann. Dies ist die Denkweise, die vom Produkt ausgeht, die Merkmal-Argumentation. Die Nutzenargumentation geht dagegen vom Kunden aus. Der Kundennutzen steht im Mittelpunkt der Argumentation. Will der Kunde mehr erfahren, dann geht er in die Details der Produktmerkmale. Sie sind die „Beweise" für die Botschaft (s. Abschn. 3.5), die sich aus Bedarf und Bedürfnis ergeben.

$$\text{Nutzen} = \frac{\text{Kosten}}{\text{Bedarf} + \text{Bedürfnis}}$$

Je höher Bedarf und Bedürfnis sind, desto geringer sind die „gefühlten" Kosten, da der Nutzen immer größer wird. Deshalb ist hilfreich, den

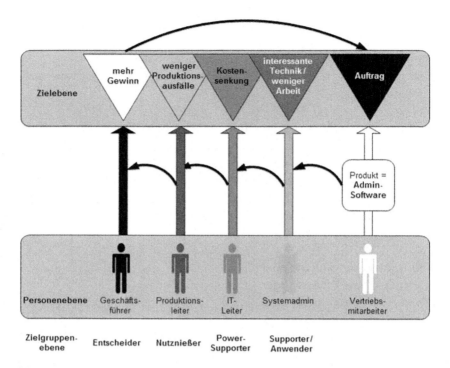

**Abb. 4.3** Nutzenkette

Bedarf und/oder das Bedürfnis zu wecken und so weit wie möglich zu steigern, denn dann entsteht ein höherer Nutzen.

Nun gibt es möglicherweise das Problem, dass bei Kaufentscheidungen Unternehmensfunktionen beteiligt sind, mit denen der Vertrieb keinen unmittelbaren Kontakt hat. Der Nutzen der einen Funktion ist aber noch lange nicht der Nutzen der anderen Funktion. Die anderen Glieder in der Entscheidungskette haben andere Interessen (s. Abb. 4.3).

Die Aufgabe des Vertrieblers ist es deshalb, seinen Gesprächspartner mit den Argumenten zu versorgen, die dieser braucht, um die anderen Entscheider zu überzeugen. Der Vertrieb spielt in diesem Fall über Bande, da er – was sehr häufig vorkommt – nur mittelbaren Zugang zum Entscheider hat.

## 4.3 Produktpreis: Der Preis ist nicht heiß

Nun kommen wir zu einem der schwierigsten Themen im Vertrieb: die Frage des Preises. Es gibt sehr kluge Bücher über dieses Thema (z. B. Homburg und Totzek 2011), die sich in aller Ausführlichkeit damit beschäftigen. An dieser Stelle können und sollen nur einige Aspekte der vertrieblichen Preisbildung angerissen werden.

Viele Unternehmen denken, dass sie besonders preiswert sein müssen, um ihr Produkt zu verkaufen. Es gibt auch viele Fälle, bei denen dies zutrifft. Das gilt insbesondere dann, wenn es um hochstandardisierte Produkte in Massenfertigung handelt – seien es Autositze, Milch oder Solarpanelen. Wer sich auf dieses Geschäftsmodell einlässt, muss versuchen, die Produktionskosten immer weiter zu senken. Gelingt das nicht, wird es schnell existenzbedrohend. Insbesondere in der Automobilindustrie sind die Sitten sehr rau, dort wird den Lieferanten vertraglich vorgeschrieben, um wie viel Prozent sie jährlich ihre Produktionskosten zu senken haben. Vertrieb, wie in diesem Buch beschrieben, findet dort nicht oder besser gesagt völlig anders statt. Wir betrachten aber den Normalfall der KMU, die sich die Frage stellen: Wie komme ich auf den richtigen Preis?

In vielen, insbesondere kleinen Unternehmen läuft die Preisfindung nach der einfachen Faustformel: Mich kostet die Herstellung des Produkts alles in allem 10.000 €, darauf schlage ich noch x % und habe meinen Gewinn. Im besten Fall sind wirklich alle Kosten kalkuliert, nicht nur die Produktionskosten, sondern auch die Overheadkosten, wie Buchhaltung, Vertrieb und Miete usw. Im allerbesten Fall schlägt das Unternehmen dann nicht nur 20 % oder 30 % auf das Produkt darauf, sondern 50 % oder 80 %. In dem Fall kann unter Umständen ein gutes Ergebnis dabei herauskommen, muss es aber nicht. Diese Preisfindung ist von dem Gedanken getragen, dass der Unternehmer beim Verkauf seines Produktes nicht draufzahlen möchte. Das ist eine sehr defensive Preisfindung. Sie beruht auf dem weitverbreiteten Irrtum, dass der Preis kaufentscheidend sei.

Andere Unternehmen schauen nicht auf die eigenen Kosten, sondern schauen sich die Preise der Mitbewerber an. Ein Router der Firma

XYZ kostet 100 €, also bietet das Konkurrenzunternehmen den Router für 90 bis 110 € an, je nachdem, wo sich das Unternehmen mit dem Produkt positionieren will. Dieses Vorgehen ist nicht verkehrt und diese Form der Preisgestaltung ist insbesondere dank der Preistransparenz im Internet beliebt. Im B2B-Bereich funktioniert das aber nur, wenn es sich um standardisierte Massenprodukte handelt (z. B. Büromaterial), denn für komplexere Produkte finden sich sehr häufig keine vergleichsfähigen Standardpreise. Beide Vorgehensweisen kann man nachvollziehen, aus meiner Sicht sind es aber defensive und damit nicht zielführende Preiskalkulationen.

In Abschn. 2.1 wurde bereits darauf hingewiesen, dass die Auswahl der Zielgruppe von großer Bedeutung ist. Es wurde ferner in Abschn. 3.2 ff. über den Bedarf und das Bedürfnis des Kunden gesprochen und darüber, wie man belastbare Informationen durch eine qualitative Marktanalyse gewinnen kann. Daraus ergibt sich eine Umkehrung der Fragestellung. Sie lautet nicht mehr: „Was brauche ich?" oder „Was macht die Konkurrenz?", sondern „Welchen Preis ist meine Zielgruppe bereit für den Nutzen zu zahlen?" Damit begibt man sich als Anbieter von der Defensive in die Offensive. Das Problem wird vom Kunden her gedacht.

> Der Wert des Produktes entsteht nur und ausschließlich beim Kunden. Der Kunde entscheidet, welchen Wert das Produkt für ihn hat, nicht der Hersteller!

Natürlich helfen die beiden Methoden (Selbstkostenkalkulation und Wettbewerbsbetrachtung) bei der Preisfindung, aber aus der Perspektive des Kunden betrachtet sind sie nicht mehr Basis, sondern nur noch Indikatoren. So kann sich als Ergebnis einer solchen Prüfung herausstellen, dass das Unternehmen nicht in der Lage ist, das Produkt zu den marktgängigen Preisen anzubieten. Es kann aber auch das Gegenteil eintreten: die Erkenntnis, dass Kunden bereit sind, viel mehr zu bezahlen als angenommen. Ich habe es in meiner Beratungspraxis leider nur ein einziges Mal erlebt, dass jemand den Mut aufbrachte, aufgrund einer solchen Analyse die Preise drastisch zu erhöhen.

> **Beispiel**
>
> Die Unternehmerin hatte einen Webshop gegründet, über den sie spezielle Wohnaccessoires verkaufte. Der Erfolg des Shops war bescheiden. Den Preis für die Wohnaccessoires hatte sie per Selbstkostenkalkulation festgelegt. Dementsprechend waren die Gewinne aus dem Geschäft noch bescheidener als die Umsätze. Im Rahmen der gemeinsamen Arbeit stellte sich heraus, dass die Produkte nicht nur einen Bedarf, sondern auch ein Bedürfnis befriedigen: Verschönerung des Heims mit etwas Ungewöhnlichem. Gleichzeitig hat es einen sehr praktischen Nutzen. Das führte zu der Erkenntnis, dass es sowohl sinnvoll und auch machbar sei, die Preise für die Produkte (fast) zu verdreifachen!
> Natürlich wurden auch andere Maßnahmen eingeleitet. Wesentlicher Baustein des dann einsetzenden Erfolgs war aber diese Preiserhöhung. Die Produkte verkaufen sich seit Jahren außergewöhnlich gut. Der Gewinn ist hoch. Natürlich haben nach der Preiserhöhung viele Bestandskunden protestiert, empfanden das als eine Unverschämtheit. Aber es kamen auch viele neue Kunden, die bereit waren, den neuen Preis zu zahlen. Ohne diese Preiserhöhung und dem damit verbundenen Wechsel der Zielgruppe würde das Business heute nicht mehr existieren. Ohne Zweifel ist die Unternehmerin mit solch einer Wende ein Risiko eingegangen, aber gehört das nicht zum Unternehmertum?

**Rabatte: Gefährlich!**
Im B2B-Vertrieb werden gerne Rabatte gewährt, das ist leicht, aber höchst riskant! Rabatte sollen den Zweck haben, das Risiko für den Kunden zu minimieren, ihm bei der Entscheidung zu helfen. Ob das wirklich immer hilfreich ist, ist fraglich. Ich habe den Verdacht, dass harte Preisverhandlungen nur den Zweck haben, dem Käufer das Gefühl zu geben, dass er das Beste für sein Unternehmen herausgeholt hat. Dabei spielt es keine Rolle, ob es sich um den Unternehmer selbst oder den Einkäufer eines großen Konzerns handelt. Beiden ist es ein Bedürfnis zu beweisen, dass sie gut verhandeln können. Das gilt natürlich nur, wenn es sich nicht um einen preistransparenten Markt handelt.

> **Beispiel**
> Für einen großen, internationalen Pharmakonzern ist es kein Kostenproblem, wenn dringend ein freiberuflicher Spezialist gesucht wird, der sich im Zulassungsverfahren für Medizinprodukte auskennt (ein hochkomplexes Feld). Es spielt keine Rolle, ob das Unternehmen 800 € oder 1600 € pro Tag zahlt, denn der Bedarf ist groß und dringend. Bedürfnisse verstärken das Problem, für das eine Lösung gesucht wird. Und ein angesehener Experte auf dem Gebiet gibt mehr Sicherheit als ein Herr Jedermann, der fachlich besser geeignet ist. Natürlich wird das Unternehmen um Preise verhandeln, das ist Teil des Spiels. Aber ob die Entscheidung zugunsten von Herrn Jedermann oder dem angesehenen Experten fällt, ist jedenfalls keine Preisfrage.

Die Gefahr für einen Freiberufler ist bei der Gewährung von Rabatten gering, denn meistens hat er keine hohen Kosten und so sind 80 % oder 90 % des Umsatzes auch der Ertrag. Anders sieht es bei Unternehmen mit Fixkosten aus. Ob sich das Unternehmen eine Preissenkung leisten kann, liegt im Wesentlichen am Deckungsbeitrag. In der vereinfachten Darstellung in Tab. 4.1 wird von drei unterschiedlichen Deckungsbeiträgen eines Produktes ausgegangen. Dann wird kalkuliert, welcher neue Deckungsbeitrag sich ergibt und wie viele Mehrverkäufe erforderlich sind, um auf dieselbe Deckungsbeitragssumme zu kommen. Bei einem hohen Deckungsbeitrag ist das vielleicht noch machbar, bei einem niedrigen in jedem Fall eine Herausforderung. Die Frage, die man sich immer stellen muss, lautet: Werde ich bei einem

**Tab. 4.1** Erforderlicher Mehrverkauf bei Rabatten und Preissenkungen

| Deckungsbeitrag | 10 % | 20 % | 25 % |
|---|---|---|---|
| **Preissenkung um** | 1 % | | |
| Neuer Deckungsbeitrag | 9 % | 19 % | 24 % |
| % Mehrverkauf | 11 % | 5 % | 4 % |
| **Preissenkung um** | 3 % | | |
| Neuer Deckungsbeitrag | 7 % | 17 % | 22 % |
| % Mehrverkauf | 43 % | 18 % | 14 % |
| **Preissenkung um** | 5 % | | |
| Neuer Deckungsbeitrag | 5 % | 15 % | 20 % |
| % Mehrverkauf | 100 % | 33 % | 25 % |

**Tab. 4.2** Verkraftbarer Wenigerverkauf bei Preissteigerungen

| Deckungsbeitrag | 10 % | 20 % | 25 % |
|---|---|---|---|
| **Preissteigerung um** | 1 % | | |
| Neuer Deckungsbeitrag | 11 % | 19 % | 24 % |
| % weniger Verkäufe[a] | 9 % | 5 % | 4 % |
| **Preissteigerung um** | 3 % | | |
| Neuer Deckungsbeitrag | 13 % | 23 % | 28 % |
| % weniger Verkäufe[a] | 23 % | 13 % | 11 % |
| **Preissteigerung um** | 5 % | | |
| Neuer Deckungsbeitrag | 15 % | 25 % | 30 % |
| % weniger Verkäufe[a] | 33 % | 20 % | 17 % |

[a]Gerundete Werte

Deckungsbeitrag von 10 % durch eine Preissenkung von 1 % tatsächlich 11 % mehr Verkäufe machen?

Natürlich kann man seine Preise auch erhöhen und dann tritt der gegenteilige Effekt ein. Um den gleichen Deckungsbeitrag zu erreichen, lautet die Frage anders herum: Werden 9 % weniger Kunden kaufen, wenn ich den Preis um 1 % erhöhe (s. Tab. 4.2)?

In allen Fällen ist der Effekt bei niedrigem Deckungsbeitrag am größten und es stellt sich die Frage, ob der Ertragsverlust durch eine Preissenkung oder Preissteigerung kompensiert wird. Jeder, der diesen Schritt macht, muss Unsicherheiten in Kauf nehmen.

## 4.4 Neue Produkte: Gut für alte Kunden

Bisher haben wir uns mit der Frage beschäftigt: Wie können neue Kunden gewonnen werden? Meiner Beobachtung nach ist dies ist die Frage, die die meisten Unternehmer im Vertrieb beschäftigt. Es geht aber auch anders. Um mehr vertrieblichen Erfolg zu erzielen, kann die Strategie verfolgt werden, den bestehenden Kunden mehr zu verkaufen. Es lässt sich an dieser Stelle kaum vermeiden, die berühmte Boston-Matrix zu zitieren (s. Abb. 4.4).

Die Boston-Matrix bildet den Produktlebenszyklus ab. Die meisten Produkte beginnen in der „Fragezeichenphase". Es ist unklar, in welche Richtung sich das Produkt A bewegen wird. Ob es sich zum

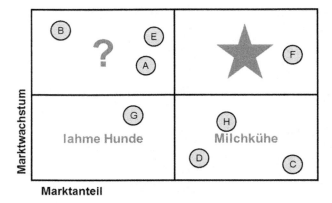

**Abb. 4.4** Produktlebenszyklus/Boston-Matrix. (Quelle: in Anlehnung an Bubinator 2008, https://upload.wikimedia.org/wikipedia/commons/9/91/BCG-Matrix.svg)

„Star" entwickelt, hängt davon ab, ob das Produkt im Markt stark nachgefragt wird und ob es dem Unternehmen gelingt, einen relevanten Marktanteil zu erobern. Sonst bleibt es ein „Fragezeichen" oder wird, bei Abschwächung des Marktwachstums, zum „lahmen Hund" – also ein Produkt, das für das Unternehmen keine Bedeutung hat. Irgendwann verlangsamt sich das Marktwachstum für das Produkt. Dann wandert das Produkt weiter in die Phase der „Milchkühe" oder der „Cash-Cows", wie es im Englischen sehr treffend heißt. Der Marktanteil ist hoch, aber das Wachstum lässt nach. In der Theorie brauchen Unternehmen immer Produkte in allen Segmenten, denn der Kreislauf ergibt sich zwangsläufig.

Zweifelsohne sollte es sich immer um passende Produkte handeln. SAP ist so ein Beispiel, AVM mit seiner Fritz-Familie ein anderes. Beide Firmen haben ihr Ursprungsprodukt um weitere Module oder Produkte ergänzt und konnten auf diesem Wege den gleichen Kunden andere Produkte verkaufen oder zusätzliche Kunden gewinnen. Natürlich erfordert diese Art des Vertriebs andere Prozesse. Der Fokus des Unternehmens muss in diesem Fall auf der Produktentwicklung liegen. Das Ursprungsprodukt wird langsam und sukzessive um naheliegende Produkte zu einer Produktfamilie erweitert.

Dabei muss der Markt sehr genau beobachtet werden. Ein Teil dieses Beobachtungsteams ist der Vertrieb, der seine Erkenntnisse in die Produktentwicklungsabteilung kommunizieren sollte. Diese Kommunikationswege müssen strukturiert und standardisiert sein, damit neue Produktentwicklungen nicht dem Zufall überlassen werden. So müssen jedes Mal folgende Fragen beantwortet werden:

> **Fragen zur Produktentwicklung**
> - Passt das Produkt zu unserer Produktfamilie?
> - Welche Wettbewerbsprodukte sind vorhanden?
> - Ist es technisch machbar?
> - Kann es einen USP (Alleinstellungsmerkmal) geben?
> - Ist es produktionstechnisch machbar?
> - Wie hoch sind die Produktionskosten?
> - Wie groß ist der Markt?
> - Welcher Marktanteil kann durch das neue Produkt erreicht werden?
> - Wie wird das Produkt beworben?
> - Usw.

Im Prinzip ist diese Vertriebsstrategie nichts anderes als ein auf die Spitze getriebenes Cross Selling.

Der Vorteil dieser Strategie: Es ist viel einfacher und kostengünstiger, bestehenden Kunden etwas Zusätzliches zu verkaufen, als neue Kunden zu gewinnen. Dafür sind die Produktions(entwicklungs)kosten wesentlich höher. Man muss sich also entscheiden, auf welcher Seite die Kosten entstehen sollen (s. Abb. 4.5).

> **Fazit**
> - Was ein Produkt braucht, entscheidet der Kunde und nicht der Hersteller. In jedem Fall kann eine große Auswahl von Produkten, Merkmalen oder Kriterien verwirren.
> - Wieder kommt es darauf an, vom Kunden her zu denken. Die Frage „Welchen Nutzen hat er davon, wenn er mein Produkt kauft?" muss ebenfalls beantwortet werden.
> - Der Kunde definiert den Produktpreis. Die Frage „Welchen Preis ist der Kunde bereit für den Nutzen zu zahlen?" muss dafür beantwortet werden.
> - Es ist eine strategische Entscheidung, das Produktportfolio auszuweiten, und bedeutet die Integration von neuen Produkten in den Vertriebsprozess.

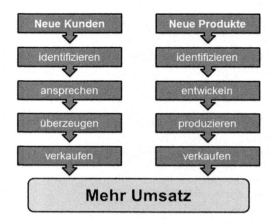

**Abb. 4.5** Neue Kunden versus neue Produkte

# Literatur

Iyengar SS, Lepper MR (2000) When choice is demotivating: can one desire too much of a good thing? J Pers Soc Psychol 79(6):995–1006

Homburg C, Totzek D (2011) Preismanagement auf Business-to-Business-Märkten. Gabler, Wiesbaden

# 5

# Mythos 5: Marketing kostet viel Geld

**Zusammenfassung** Marketing ist ein großes Wort, es wird aber oft völlig anders angewendet, als in der Theorie gedacht. In diesem Kapitel wird, mit Blick auf kleine und mittelständische Unternehmen, „Marketing" als „Vertriebsunterstützung" verstanden. Marketing soll helfen, neue und alte Kunden zu Käufen zu animieren. Dies ist die Funktion, in der ich Marketing in KMU meistens angetroffen habe. Ich ordne mich damit der gelebten Wirklichkeit unter. Ob das richtig oder falsch ist, darüber kann man trefflich streiten. Was in jedem Fall falsch ist, ist die Planlosigkeit, mit der diese Vertriebsunterstützung oft genug betrieben wird. „Planloses" oder „Ad hoc"-Marketing ist rausgeschmissenes Geld. Für das Marketing sollten dieselben Rahmenbedingungen gelten wie für die Steuerung des Vertriebs. Nur dann kann Marketing erfolgreich betrieben werden. Wie Sie das machen, wird im Folgenden erörtert, ebenso wird ein kurzer Überblick über mögliche Marketingmittel gegeben.

In den Köpfen mancher Unternehmer existiert folgende Vorstellung vom Marketing: Wir entwickeln ein wunderbares, einheitliches und natürlich kostspieliges Corporate Design (CD), eine tolle Imagebroschüre, perfekte Produktkataloge, platzieren möglichst viele gute Artikel in (Fach-)

Zeitschriften, machen regelmäßige Mailings, treten mit einem gebrandetem Stand auf Messen und Kongressen auf, schalten Hochglanzanzeigen und drehen für teuer Geld einen Film, den wir auf unserer Website zeigen und auf YouTube hochladen. Natürlich müssen wir auch unsere Klientel auf Facebook und Twitter ansprechen. Das sind die Schlagworte, die man gehört hat. Die sollen bitte bedient werden. Das bedeutet oft viel Aufwand mit wenig Sinn, ganz davon abgesehen, dass diese Maßnahmen streng genommen weniger mit Marketing als mit Werbung (heute neudeutsch = Unternehmenskommunikation) zu tun haben.

> **Denkanstöße**
> - Kleine und mittelständische Unternehmen werden niemals in der Lage sein, die Breitenwirkung zu entfalten, die die Marketinggiganten erreichen. Dazu müssten sie nämlich bereit sein, zweistellige Millionenbeträge aufzuwenden. Hilfreicher für den Vertrieb von KMU ist es, zielgenau zu werben.
> - Der Nutzen einzelner Maßnahmen ist zweifelhaft. Wen interessiert eine Imagebroschüre? Macht Facebook im B2B-Bereich Sinn? Sind regelmäßig Neuigkeiten zu vermelden? Sind die Follower überhaupt Kunden bzw. potenzielle Kunden? Was genau soll mit den Maßnahmen erreicht werden?

Alle die oben genannten „Marketing"-Aktivitäten können richtig und wichtig sein, ohne Kenntnis des Einzelfalls kann sich niemand ein Urteil erlauben. Hier allerdings betrachten wir Marketing nur unter einem einzigen Aspekt: Inwieweit helfen diese Maßnahmen dem Vertrieb? Alles andere ist vielleicht wichtig, aber vertrieblich uninteressant. Wenn man diese Frage richtig beantwortet, muss Marketing nicht teuer und kann trotzdem sehr erfolgreich sein. Folgende Aspekte müssen dafür beachtet werden: Was ist Marketing eigentlich und welche Rolle spielt das Marketing üblicherweise bei KMU? Wofür braucht man einen Marketingplan und worauf sollte man dabei achten? Welche Marketingmittel gibt es und wie setzt man sie richtig ein?

## 5.1 Marketing: „Magd" des Vertriebs

In diesem Buch wird Marketing nicht unter dem wissenschaftlichen Marketingbegriff betrachtet. Hintergrund ist, dass in der beobachteten Praxis vieler KMU Marketing anders behandelt wird, als es die Theorie vorsieht. Das wissenschaftliche Modell geht vom sogenannten Marketing-Mix aus (s. Abb. 5.1).

Das bedeutet grob gesagt, dass das Marketing die gesamte Unternehmensstrategie bestimmt:

- Welche Produkte werden entwickelt und produziert?
- Zu welchen Preisen und über welche Kanäle wird verkauft?
- Mit welchen Kommunikationsmitteln wird der Verkauf angeschoben?

Der sehr kluge Grundgedanke dieses Konzepts ist es, vom Markt her zu denken, nämlich sich die Frage zu stellen: Welche Zielgruppe könnte welches Produkt zu welchem Preis auf welchem Weg kaufen und wie wird diese angesprochen?

Abb. 5.1 Marketing-Mix. (Quelle: in Anlehnung an Grochim 2008, https://de.wikipedia.org/wiki/Datei:Marketing-Mix.png#/media/File:Marketing-Mix.png)

In vielen KMU wird andersherum gedacht: Wir haben ein Produkt, wer könnte das gebrauchen und wie machen wir die Kunden darauf aufmerksam? In der gelebten Praxis dieser Unternehmen entspricht die Funktion von Marketing mehr der Unternehmenskommunikation. Sie kümmert sich um

- Prospekte, Flyer, Broschüren, Mailings
- Gestaltung von Produktverpackungen
- Internetauftritt
- Gestaltung und Organisation von Newslettern
- Gestaltung und Organisation von Messeauftritten
- Anzeigen
- Public Relations
- etc.

Das sind die Elemente, die im Folgenden Marketingmittel genannt werden. Man kann das unter dem Stichwort „Einsatz nicht-persönlicher Kundenkommunikation" zusammenfassen. So betrachtet ist das Marketing aber nichts anderes als eine Vertriebsunterstützung, daher der Titel des Kapitels: Marketing als „Magd" des Vertriebs.

In den vorherigen Kapiteln wurde immer wieder das Thema Kundenansprache behandelt. Es wurde erläutert, dass man qualifizierte *Kundenkontakte* benötigt und dass man den *Nutzen* des Produktes für den Kunden thematisieren soll. In den folgenden Abschnitten werden Instrumente für die *Ansprache* des Kunden vorgestellt. Was dafür sinnvollerweise noch benötigt wird, ist der *Anlass* für die Kontaktaufnahme. Dies wird durch Abb. 5.2 deutlich.

Es wurden bereits Anlässe für Kontaktaufnahme angesprochen, entscheidend ist: Es muss sich immer um Anlässe handeln, die für den Kunden interessant sind, z. B.

- Messeauftritt
- Neue Produkte
- Neues Produktrelease
- Rabattaktionen
- Veranstaltungstermine

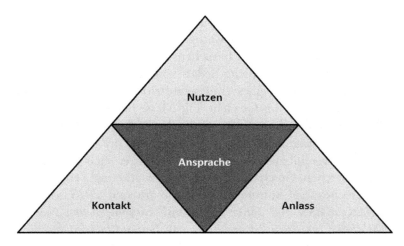

Abb. 5.2 Kundenansprache. (Quelle: Häfelinger et al. 2014)

- Testbewertungen der Produkte
- Auszeichnungen
- und viele andere mehr.

Wie das konkret aussehen kann, wird im Abschn. 5.2 beschrieben.

## 5.2 Marketingplanung: Ausschlaggebend

Wie im richtigen Leben macht Planung auch im vertriebsunterstützenden Marketing Sinn. Je besser man vorbereitet ist, desto erfolgreicher lässt es sich anwenden, desto einfacher ist es, die Wirkung zu überprüfen und desto flexibler ist man in der Korrektur von nicht-erfolgreichen Maßnahmen.

**Etat**
Es ist sinnvoll, am Anfang eines Geschäftsjahres das Budget für Marketingaktivitäten festzulegen. Eine weitverbreitete Methode zur Bestimmung des Budgets sind umsatzabhängige Werte. Das heißt, bei einem Umsatz von 1 Mio. € wird ein fester Prozentsatz z. B. 7 % als

Marketingbudget gewählt. Im Konsumgüterbereich kann dies bei 20 % oder mehr liegen. Im Dienstleistungs- oder Investitionsgüterbereich ist dieser Betrag niedriger und branchenspezifisch. Das Problem dabei: Bei KMU kann der erforderliche Bedarf von Jahr zu Jahr stark schwanken. Die Neugestaltung eines Internetauftritts oder die Leitmesse in Barcelona fallen schwer ins Gewicht. Die Messe findet aber nur alle zwei Jahre statt und der Internetauftritt wird sicher nicht jedes Jahr erneuert.

Die bessere Variante ist es, vom Ergebnis her zu denken und Jahresziele zu vereinbaren. Natürlich handelt es sich um SMARTe Ziele, die zwischen Geschäftsführung und Marketing vereinbart werden. Ein solches Ziel könnte z. B. lauten: *Im Jahr 2018 sollen durch Marketingaktivitäten 200 aktive Interessensbekundungen von Neukunden und 300 aktive Interessensbekundungen von Bestandskunden für die neue Version generiert werden.* Aufgabe des Marketings ist es nun, einen Plan zu entwickeln, wie diese Ziele erreicht werden können. Der fertige Jahresplan wird anschließend mit der Geschäftsführung abgestimmt, denn diese muss das geplante Budget freigeben. Die Frage nach dem Budget steht somit am Ende und nicht am Beginn der Planung. Auf diese Weise hat die Geschäftsführung alle Steuerungsfäden in den Händen und kann gleichzeitig Marketing- und Vertriebsaktivitäten koordinieren. Idealerweise greifen die zwei Zahnräder Marketing und Vertrieb perfekt ineinander.

**Jahresplanung**

Mit der Jahresplanung beantwortet das Marketing die Frage, wie man glaubt, die gesetzten Ziele erreichen zu können. Ausgehend vom Jahres- oder Leitziel bricht man es in operative Subziele herunter. Dabei sollten folgende Fragen beantwortet werden:

- Was soll/muss dieses Jahr getan werden?
- Welche Zielgruppe soll damit erreicht werden?
- Was soll damit erreicht werden?
- Wann und wie oft soll es durchgeführt werden?
- Wie viel Geld wird dafür gebraucht?

Abb. 5.3 zeigt, wie so eine Jahresplanung aussehen kann.

## Marketingplanung 2018

| Was | Zielgruppe | Ziel/Begründung | Zeitpunkt | Kosten |
|---|---|---|---|---|
| Internetauftritt neu entwickeln | Alle | - aktueller Internetauftritt nicht mehr zeitgemäß und technisch veraltet<br>- Inhalte stärker auf Zielgruppe fokussieren<br>- Steigerung der Besucherzahlen von derzeit 100 auf 150 täglich<br>- Verweildauer der Besucher auf durchschnittlich drei Minuten erhöhen<br>- fünf Newsletterbestellungen (netto) pro Monat | bis Aug 18 | 20.000 € |
| E-Mail-Newsletter | Alle Interessenten und Kunden, deren Einwilligung vorliegt | - Neuigkeiten mitteilen<br>- Reminder setzen<br>- je zehn Kontaktaufnahmen durch Interessenten | quartalsweise ab Mrz 18 | 2.000 € |
| Anzeigen für neue Produktversion - in den drei wichtigsten Fachmagazinen/ Print + Online | Fachleute | - Aufmerksamkeit für neue Version schaffen<br>- Verstärkung der Kampagne für die neue Produktversion<br>- große Reichweite in Fachkreisen<br>- 50 Nachfragen von Bestandskunden | Aug 18 bis Nov 18 | 6.000 € |
| Artikel über neue Produktversion platzieren | Fachleute | - Aufmerksamkeit für neue Version schaffen<br>- Verstärkung der Kampagne für die neue Produktversion<br>- große Reichweite in Fachkreisen<br>- in drei Zeitschriften unterbringen | Aug 18 bis Nov 18 | - € |
| Briefmailing für neue Produktversion | Alle Interessenten und Kunden | - Aufmerksamkeit schaffen<br>- 100 aktive Nachfragen von Bestandskunden<br>- 50 aktive Nachfragen von Interessenten | Sep 18 | 10.000 € |
| Messeauftritt Leitmesse | Fachentscheider | - 100 Kontakte Bestandskunden für neue Version<br>- 50 Kontakte Neukunden | Sep 18 | 10.000 € |
| Messeauftritt Regionalmesse | regionale Fachentscheider | - 40 Kontakte Bestandskunden<br>- 20 Kontakte Neukunden | Mrz 18 | 3.000 € |
| Gesamtkosten | | | | 51.000 € |
| Gesamtziel 2018 | Es sollen im Jahr 2018 durch Marketingaktivitäten<br>- 200 aktive Interessensbekundungen von Neukunden<br>- 300 aktive Interessensbekundungen von Bestandskunden für die neue Version generiert werden. | | | |

**Abb. 5.3** Jahresplanung Marketing

Im Beispiel in Abb. 5.3 dreht sich alles um die neue Produktversion, sie ist der Dreh- und Angelpunkt der Marketingaktivitäten für 2018. Die Ideen sind aufeinander abgestimmt, Ziele und Kosten definiert. Die Geschäftsführung kann nach Vorlage dieses Plan entscheiden, was gemacht werden soll und was nicht. Z. B. könnte sie die Anzeigen in Print-Magazinen streichen, weil sie Kosten und Nutzen nicht im richtigen Verhältnis zueinander sieht. Gleichzeitig hat sie eine Grundlage für die Gespräche mit dem Vertrieb. Das Marketing wird voraussichtlich 200 Interessenten (potenzielle Neukunden) bringen. Wie viele kann der Vertrieb davon zu Neukunden machen? Was sagt die Erfahrung? Was ist realistisch? Was braucht der Vertrieb, um das abzuarbeiten? Nach der Verabschiedung des Jahresplans können dann die Detailplanung und Umsetzung beginnen. Wer macht was bis wann?

Ein weiterer Vorteil dieses Vorgehens sind die Korrekturschleifen, die nun eingelegt werden können. Man stellt z. B. fest, dass die erwarteten Ergebnisse der Newsletter nicht eintreten. Also muss man die folgenden Fragen beantworten:

- Haben wir inhaltlich etwas falsch gemacht? Wenn ja, was und wie müssen wir es ändern?
- Sind die Ziele zu hoch gesetzt? Müssen wir die Erwartungen senken?
- Sollen wir die Maßnahmen trotzdem fortführen?
- Wenn die erwarteten Ziele nicht erreicht werden, wie können trotzdem die Jahresziele erreicht werden?
- Müssen/sollen andere Maßnahmen ergänzt werden?

In diesem Buch ist immer wieder davon die Rede, wie wichtig es ist zu planen. Planung ist von ungeheuer großer Bedeutung, aber leider verhält sich die Welt meistens nicht so wie geplant (Taleb 2008).[1] Umgangssprachlich kommt es in dem Satz „Je genauer die Planung, desto härter trifft einen der Zufall" zum Ausdruck. Das genau beschreiben die Clausewitzschen Friktionen, auf die bereits in Abschn. 2.1 hingewiesen wurde. Wenn es aber sowieso nicht so kommt wie geplant,

---

[1]Nassim Nicolas Taleb beschreibt dieses Phänomen besonders beeindruckend in dem Buch: Der schwarze Schwan. Carl Hanser Verlag, München (2008).

wieso ist Planung dann so wichtig? Dazu das folgende, auf den ersten Blick etwas weit hergeholte, Beispiel:

> **Beispiel**
>
> Wieso werden Soldaten bis zum Exzess damit geplagt, dass sie im Dunkeln ihre Waffe auseinandernehmen und wieder zusammenbauen können? Das scheint ohne Sinn und Verstand, reine Schikane könnte man annehmen. Doch das ist weit gefehlt! Die Erfahrung lehrt, dass Waffen immer wieder versagen. Damit sie funktionieren, muss man sie dann auseinandernehmen und wieder zusammenbauen. Wann stellen die meisten Soldaten fest, dass die Waffe nicht funktioniert? Dummerweise genau dann, wenn der Gegner angreift. Jetzt kommt es auf Sekunden an. Jeder Handgriff muss sitzen, kein Soldat darf darüber nachdenken müssen, wie er die Waffe wieder repariert. Es muss sitzen. Mit anderen Worten: Der Soldat muss einen Plan im Kopf und in den Fingern haben. Wenn die Handgriffe automatisiert ablaufen, ist er im Notfall auch noch in der Lage, auf die Dinge zu reagieren, die nicht geplant waren.

„Einen Plan zu haben, ist überflüssig, aber Planung ist unerlässlich", soll der General und spätere Präsident Dwight D. Eisenhower einmal gesagt haben.

> Planung hilft dabei, eine grobe Line einzuhalten und auf das Unerwartete besser zu reagieren zu können.

## 5.3 Marketingmittel: Keine Allzweckwaffe

Auch bei der Wahl der Marketingmittel kommt es entscheidend auf Ziel und Zielgruppe an. Die Frage lautet: Was lässt sich in meiner Zielgruppe durch das entsprechende Medium erreichen? Und leider gilt zweifelsfrei auch der Satz von Henry Ford: „Fünfzig Prozent bei der Werbung sind immer rausgeworfen. Man weiß aber nicht, welche Hälfte das ist." Es bleibt einem nichts anderes übrig als auszuprobieren. Im Folgenden werden die wichtigsten Marketingmittel in aller Kürze vorgestellt.

## Adwords et al.

Adwords ist die Anzeigenabteilung von Google. Adwords ist ein mächtiges und sehr gutes Instrument, um zielgruppengerecht Werbung zu betreiben. Das Prinzip dahinter: Sucht jemand bei Google nach einem speziellen Produkt z. B. „LED für Registrierkassen" und diese Worte sind als Keywords hinterlegt, kann eine Anzeige in den Suchergebnissen geschaltet werden. Klickt jemand auf diese Anzeige, dann wird dieser Klick dem Werbetreibenden in Rechnung gestellt. Da hier eine unmittelbare Erfolgskontrolle möglich ist, gibt es eine Menge von Steuerungsmöglichkeiten. Adwords muss deshalb permanent und aktiv überwacht und gesteuert werden. Der Vorteil von Adwords liegt darin, dass durch die Auswahl der Suchworte nur diejenigen „Sucher" angesprochen werden, die auch tatsächlich relevant für Ihre Produkte oder Leistungen sind.

## Anzeigen

Anzeigen sind fast immer teuer, dafür wird – in der richtigen Zeitschrift oder auf der richtigen Website platziert – genau die richtige Zielgruppe angesprochen. Große Anzeigen erregen mehr Aufmerksamkeit als kleine Anzeigen, aber Wiederholungen einer kleinen Anzeige haben einen viel größeren Effekt als eine einzige große Anzeige. Anzeigenpreise berechnen sich ebenso wie TV- und Hörfunkwerbung nach dem sogenannten Tausend-Kontakt-Preis (TKP): Je mehr Personen die Werbung wahrnehmen können, desto teurer ist sie – Streuverluste eingerechnet.

> **Beispiel**
>
> Ein Unternehmen für Computerschulungen hatte sich darauf spezialisiert, offene Seminare anzubieten. Die Teilnehmer der Schulungen kommen dabei aus vielen unterschiedlichen Firmen. Jeder Teilnehmer zahlt für die Teilnahme. Je mehr Teilnehmer in einem Seminar sitzen, desto höher ist natürlich der wirtschaftliche Gewinn für den Anbieter. Aufgabe war es also, die Informationen über die Seminare möglichst breit zu streuen, damit alle, die gerade z. B. ein Excel-Seminar suchen, darauf aufmerksam werden. Neben vielen anderen Aktivitäten schaltete das Unternehmen in einer Tageszeitung über Jahre hinweg regelmäßig sogenannte „Stopper", also Kleinanzeigen in der Breite einer Zeitungsspalte, die in einen Artikel eingebaut sind. Darauf war nur zu sehen: der sprechende Name des Unternehmens, eine Telefonnummer und eine Webadresse. Das reichte und war sehr erfolgreich.

**Flyer/Broschüren**
Produktflyer (auch als PDF) sind wichtig. Ihr Nutzen ist es, den Interessenten erste Informationen zu vermitteln. So kann er sehr schnell prüfen, ob er für das Produkt einen Bedarf hat und ob es seine Ansprüche erfüllt. Gleichzeitig befriedigt ein Flyer das Bedürfnis nach „unabhängiger" Information und Seriosität. Auch hier gelten die Hinweise auf das Thema Botschaft und Nutzen.

**Messeauftritte**
Messen sind genial, deshalb gibt es sie auch seit Jahrhunderten. Messen sind der Treffpunkt von riesigen Netzwerken und vermutlich gibt es keinen besseren Zeitpunkt, um sein Netzwerk zu erweitern. Zugegeben, Messeauftritte sind, jedenfalls bei den großen internationalen Messen, nicht ganz billig, aber gut vorbereitet lohnt es sich. Wichtigster Punkt der Vorbereitung ist es, rechtzeitig alle Kunden und Interessenten über Neuigkeiten zu informieren, idealerweise über Innovationen. Es muss einen Anlass für den Kunden geben, um an den Stand zu kommen. Was gibt es da Besseres als neue Produkte? Die Automobilindustrie macht es vor: Jedes Jahr werden die neuen Autos mit einer großen Show auf Messen präsentiert. Die Show kann man weglassen, aber Pressemitteilungen, Mailings und einen Vortrag auf einem Messeforum, das bekommt man hin.

**Messebesuche**
Wenn Messeauftritte keine Option sind, dann ist unter vertrieblichen Gesichtspunkten ein Messebesuch empfehlenswert. Auch hier kommt es auf die Vorbereitung an. Mit welcher Botschaft, mit welchem Flyer soll welche Zielgruppe angesprochen werden? Es ist absolut erstaunlich, welche Kontakte man auf Messen machen kann. Geschäftsführer, Vorstände, Inhaber großer Unternehmen, an deren Vorzimmerpersonal man normalerweise nicht vorbei kommt, sind plötzlich gesprächsbereit.

**Networking**
Networking ist im B2B-Bereich eine mächtige Waffe, besonders wenn es um Dienstleistungen geht. Dienstleistungen haben den Nachteil gegenüber Produkten, dass es nichts zum Anfassen, Anschauen und

Begutachten gibt. Die Leistung kann erst am Ende, also nach der Bezahlung, beurteilt werden. Um das Entscheidungsrisiko zu minimieren, kommt deswegen der Angebotsphase im Dienstleistungsbereich eine viel größere Bedeutung zu. Es finden im Vorfeld ausführliche Gespräche statt, Angebote nehmen oft viele Seiten ein und in Teilen der Kreativbranche (Werbeagenturen o. Ä.) findet ein großer Teil der Arbeit bereits im Vorfeld des eigentlichen Auftrages statt (die sogenannten Pitches[2]).

Networking ist wichtig und jeder kennt das System, etwa bei Handwerkern. Sucht man einen z. B. einen Tischler, wird in der Regel ein Freund oder Bekannter nach einer Empfehlung gefragt. Ähnlich verhält es sich bei der Suche nach Ärzten. Man fragt jemand Vertrauten. Selten ist diese Person tatsächlich in der Lage, die fachliche Qualifikation des Arztes zu beurteilen, aber wir vertrauen trotzdem darauf. Das ist das berühmte Empfehlungsmarketing. Es beruht auf einer Vertrauenskette: „Ich vertraue meinem Bekannten und er vertraut dem Arzt, also vertraue ich dem Arzt (vorläufig jedenfalls)".

Networking dient dazu, dieses Zufallsprinzip zu verstärken. Vertriebler, Geschäftsführer, Projektleiter, alle die vertrieblich unterwegs sind, knüpfen Kontakte. Sie präsentieren sich und das Unternehmen damit, beispielsweise eine Firma, die sich auf die Inneneinrichtung von Krankenhäusern spezialisiert hat. Die Hoffnung dahinter ist, dass die Person an das Unternehmen denkt, wenn er nach einem Innenarchitekten für Krankenhäuser gefragt wird. Auch hier gilt natürlich: Man sollte sich in der eigenen Zielgruppe bewegen. In nahezu jeder größeren Stadt gibt es passende Berufsverbände, die genau diesem Zweck dienen. Ein Netzwerk aufzubauen, braucht allerdings Zeit, denn Vertrauen entsteht nicht beim ersten Mal. Networking bedeutet Ausdauer und Regelmäßigkeit und nicht zu vergessen: Es ist Arbeit, auch wenn Häppchen und Sekt dazu gereicht werden.

---

[2] In Pitches präsentieren Agenturen ihr Konzept für eine Kampagne, d. h. das gesamte Konzept muss fertig sein. Zu Pitches werden mehrere Agenturen eingeladen. Dann entscheidet der Auftraggeber, welches Konzept den Zuschlag erhält. Die anderen Agenturen gehen leer aus. Gelegentlich wird eine Aufwandsentschädigung gezahlt.

## Newsletter

Der Vorteil liegt auf der Hand: ein schnelles und preiswertes Mittel, um viele Kunden und Interessenten zu erreichen. Der Nachteil ist, dass die Aufmerksamkeit für Newsletter sehr gering ist und es auch rechtlich ein paar Stolperfallen gibt. Daher nachfolgend einige Hinweise.

> **Tipps zum Einsatz von Newslettern**
>
> 1. Newsletterversand ist an einige rechtliche Regeln gebunden, dabei ist insbesondere § 7 des Gesetzes gegen den unlauteren Wettbewerb (UWG) zu berücksichtigen. Diese sollten beachtet werden. Um nur ein Beispiel zu nennen: Der Empfänger des Newsletters muss mit dem Empfang einverstanden sein.
> 2. Die Aufmerksamkeit für den Newsletter beträgt in vielen Fällen nur wenige Sekunden. Deshalb empfiehlt es sich, die Hinweise im Abschn. 3.5 besonders zu berücksichtigen. Der Leser muss auf den ersten Blick erkennen können, ob die Informationen für ihn interessant sind oder nicht. Dann sollte er die Möglichkeit haben, vertiefende Informationen abrufen zu können oder nicht.
> 3. Es empfiehlt sich, die Zahl der Newsletter vorsichtig zu dosieren. Die meisten KMU haben nicht genügend interessante Neuigkeiten, um wöchentlich oder monatlich Newsletter zu versenden. Und wieder gilt: Interessant ist nur das, was den Kunden interessiert. Stellen Kunden mehrfach fest, dass die Newsletter uninteressant sind, wird es schwer werden, sie in Zukunft neugierig zu machen.
> 4. Der Vorteil von Newslettern ist, das man leicht feststellen kann, wie viele den Newsletter angesehen haben, wie viele auf welche Links geklickt haben usw. Damit ist eine sehr unmittelbare Form der Reichweitenkontrolle möglich.

## Mailings

Brief-Mailings sind nichts anderes als die altmodische Form des Newsletterversands. Sie sind allerdings aufwendiger und teurer und es ist unklar, welche Wirkung sie haben. Das Beispiel aus Abschn. 3.1 zeigt, dass mit dem richtigen Produkt zur richtigen Zeit in der richtigen Zielgruppe ein Erfolg sichergestellt werden kann. Der Normalfall sieht anders aus: Bei Me-too-Angeboten an neue Adressen liegen erwartbare Responsequoten bei 1 %, sie können aber auch, gerade im B2B-Bereich, bei 0,1 % liegen. Grob gerechnet kostet jeder versandte Brief mit Druck (Flyer und Brief), Kuvertieren und Porto ca. 1 €. D. h. für 1000 € (=1000 Briefe) können ein bis zehn qualifizierte Kontakte generiert werden und dann sind diese Kontakte immer noch keine Kunden. Anders sieht es bei Bestandskunden aus, denen neue Produkte angeboten werden. Hier ist die Resonanzquote wesentlich höher.

**Präsentationen**
Präsentationen sind ein Zwitterwesen zwischen Marketing- und Verkaufsmittel. Es kann in der nicht-individuellen Marketingkommunikation eingesetzt werden, z. B. als Download auf der Website oder bei Vorträgen. Gleichzeitig werden Präsentationen aber auch in Verkaufsgesprächen eingesetzt. Deshalb sollte auf die Erstellung von Präsentationen viel Wert gelegt werden. Damit sind nicht die neckischen Animationen gemeint, die Powerpoint & Co. bereitstellen, sondern die inhaltliche Aufbereitung solcher Präsentationen: Was ist das Ziel der Präsentation? Was die Botschaft? Wie wird die Botschaft Folie für Folie bewiesen? Wie wird der Beweis präsentiert?

Bei manchen Präsentationen ist man gezwungen, die Maßeinheit „FopS" zugrunde zu legen: „Folien pro Sekunde". Zuerst beginnt man mit zehn Folien über das Unternehmen und dann folgen 30 Folien Texte, Texte, Texte. Wenn die dann (bei Vorträgen) auch noch abgelesen werden, ist die Präsentation vollkommen ruiniert. Leider trifft man so etwas auch heute noch an.

Zuerst einmal: eine Firmenpräsentation interessiert fast niemanden. Vielleicht werden jetzt die Kritiker einwenden: „Aber das gibt dem Auditorium doch ein Gefühl von Sicherheit, damit sie wissen, mit wem sie es zu tun haben." Wie bereits mehrfach gesagt: die Kunden interessieren sich in erster Linie für ihr eigenes Problem und nicht für die tolle Firmengeschichte und welche Produkte die Firma hat. Die Sicherheit, die die Kunden erwarten, wird viel mehr durch die Fachkompetenz und Präsenz des Vortragenden vermittelt. Zum Abschluss ist es dann vielleicht hilfreich, als weiteren „Beweis" für die Botschaft, auch etwas über die Firma zu sagen.

> **Faustregeln für Präsentationen**
> 1. Eine Überblickspräsentation sollte etwa zehn Folien haben und über jede Folie sollte man zwei Minuten sprechen können.
> 2. Backup-Folien sollten vorhanden sein und können bei Nachfragen oder für Fachexperten genutzt werden.
> 3. Um eine gute Folie zu entwerfen, braucht man als geübter Anwender durchaus 15 min. Das macht bei zehn Folien ca. 150 min. Viel Zeit, aber eine gute Präsentation lohnt sich.

**Radio und Fernsehen**

Zwar sind Fernsehen mit 80 % und Radio mit 74 % (ARD/ZDF 2015) Tagesreichweite in der Bevölkerung immer noch die größten Massenmedien und bieten sich als Plattform an, aber Werbung von Unternehmen für Unternehmen ist dort fast nie zu finden. Die Streuverluste sind einfach zu groß.

**Soziale Medien**

Facebook, Twitter, Xing, LinkedIn oder andere Medien gelten vielen als unerlässlich. Unter Vertriebsaspekten im B2B-Bereich machen sie aus meiner Perspektive nur Sinn, wenn man sie als erweiterte Networking-Plattformen nutzt. Insofern gelten dieselben Regeln wie beim Networking (nur ohne Häppchen).

**Unternehmensbroschüren**

Die Erstellung einer Imagebroschüre (interessanterweise ein Easy-Seller für Agenturen) ist eine schöne, meist teure Angelegenheit. Die Fragen ist: Welchen Zweck hat eine Imagebroschüre? Wer liest sie? Hand aufs Herz, wie viele Imagebroschüren haben Sie aufmerksam durchgelesen? Eine? Dann war es vermutlich die eigene. Viele Imagebroschüren von Unternehmen haben nur einen Zweck: Der Unternehmer will zeigen, was er geschaffen hat. Ja, darauf kann er (oder sie) stolz sein und wenn er das der Welt zeigen will, ist das seine Entscheidung, vertrieblichen Nutzen stiften solche Broschüren kaum. Den einzigen Nutzen, den man diesen – meist nur durchgeblätterten Broschüren – zubilligen kann, ist, dass sie einen bedeutenden Eindruck vom Unternehmen vermitteln. Sie geben dem „Leser" das Gefühl, dass das Unternehmen keine „Klitsche", sondern erfolgreich ist. Dies kann bei Kaltakquisition hilfreich sein. Ob der erhebliche Aufwand für eine Unternehmensbroschüre diesen vertrieblichen Nutzen rechtfertigt, sei dahingestellt. Für vertrieblichen Erfolg scheinen andere Maßnahmen geeigneter.

Es gibt noch eine Reihe anderer Maßnahmen, die man tun oder lassen kann. Jedes dieser Instrumente hat seine Vor- und Nachteile, sie sind unterschiedlich aufwendig und teuer, aber das perfekte Instrument gibt es nicht. Für den einen ist es Networking, für den anderen ist es Adwords, für den dritten sind es Messen. Jeder muss die Instrumente für sich entdecken und die Kombination herausfinden, die für sein Unternehmen passend sind. Zwei Elemente für erfolgreiches Marketing sind aber unerlässlich: Planung und Ausdauer!

> **Fazit**
> - Marketing ist bei KMU meistens ein Mittel der Vertriebsunterstützung. In diesem Fall müssen die Marketingprozesse als Teil der Vertriebsprozesse betrachtet werden.
> - Die SMARTe Marketingplanung ist das Mittel der Wahl, um Marketing in die Vertriebsprozesse zu integrieren.
> - Die Auswahl der Marketingmittel erfolgt ausschließlich auf Grundlage der Marketingplanung und der damit verbundenen Ziele.

## Literatur

ARD/ZDF (2015) 50 Jahre ARD/ZDF-Studie Massenkommunikation. http://www.ard.de/home/intern/presse/pressearchiv/50_Jahre_ARD_ZDF_Studie_Massenkommunikation/2115394/index.html. Zugegriffen: 16. Mai 2017

Häfelinger M, Behrmann U, Leuschner C (2014) Akquise – Wie spreche ich Kunden „richtig" an. Gemeinsamer Vortrag bei der UnternehmerCouch vom 27.02.2014. http://unternehmercoaches.de/blog/2016/11/14/akquise-wie-spreche-ich-kunden-richtig-an/. Zugegriffen: 16. Mai 2017

Nassim NT (2008) Der schwarze Schwan – Die Macht höchst unwahrscheinlicher Ereignisse. Hanser, München

# Nachwort

Wir sind am Ende angekommen. Mein Anliegen war es, den vielen kleinen und mittelständischen Unternehmen in diesem Lande etwas an die Hand zu geben, dass sich an der Lebenswirklichkeit genau dieser Unternehmen orientiert. Zu dieser Wirklichkeit gehört, dass diese Unternehmen oft hervorragende Produkte oder Leistungen, aber keinen riesigen, ausgefeilten Vertriebsapparat haben. In vielen Fällen sind die Unternehmer selbst ihre besten Vertriebler und ihr Problem besteht darin, dass sie nicht wissen, wie sie ihr Vertriebs-Know-how auf andere übertragen können. Mit den Hilfskonstruktionen „Wir stellen jemanden ein" oder „Wir schicken einen kompetent erscheinenden Mitarbeiter auf ein Vertriebsseminar" ist es nicht getan. Wie bei der Entwicklung einer neuen Maschine muss der Aufbau von Vertrieb geplant werden. Vertrieb greift tief in die Organisation eines Unternehmens ein. Diese Organisationsfragen sind es, die zuerst beantwortet werden müssen: Welche Aufgaben hat der Vertrieb? Wer arbeitet ihm zu? Wer steuert den Vertrieb? Welche Ansprüche kann der Vertrieb stellen? Was soll der Vertrieb nicht tun? Wie ist sichergestellt, dass die Aufträge, die der Vertrieb generiert, auch abgearbeitet werden können?

Ich habe deutlich gemacht, dass es dabei nicht die *eine* perfekte Lösung für den Vertrieb gibt. Menschen machen Dinge auf unterschiedliche Art und Weise und können trotzdem erfolgreich sein. Was der eine erfolgreich im Vertrieb anwendet, funktioniert beim anderen überhaupt nicht. „Jeder Jeck ist anders", sagt der Kölner dazu. Das gilt aber nicht nur für Personen, sondern auch für Organisationen. Vergleichen Sie einmal die Unternehmenskultur eines traditionellen Handwerksbetriebs mit der Kultur einer jungen, frisch gegründeten Internetfirma oder einem produzierenden Unternehmen für Stanzteile. Da liegen Welten dazwischen. Im einen Fall ist die Kultur vielleicht patriarchalisch, im zweiten euphorisch-kooperativ und im dritten streng hierarchisch. Vertrieb muss sich immer auf andere Art und Weise, in diese Kultur einfügen.

Aber auch in Zielgruppen oder Produkten gibt es deutliche Regelunterschiede. Bei Banken sind Schlips und Anzug Pflicht, auf dem Bau eher hinderlich. Bei großen Projekten gelten andere Vertriebsregeln als bei kleinen. Me-too-Produkte verkaufen sich anders als Patente oder Innovationen. Jedes Unternehmen muss mit seinen Leuten, seiner Kultur und seinen Produkten einen eigenen Weg finden. Deshalb habe ich in diesem Buch viele Fragen aufgeworfen. Diese Fragen muss jeder für sich beantworten. Natürlich gibt es einige grundlegende Antworten, die ich versucht habe zu geben. Der Hauptgedanke dieses Versuchs besteht meines Erachtens darin, Vertrieb vom Kunden her zu denken. Das ist nicht so einfach, wie es sich auf den ersten Blick anhört. Peter Drucker, der wohl bedeutendste Vordenker in Managementfragen, hat bei der Beratung von Unternehmen immer die Frage gestellt: „What business are we really in?" – „In welchem Geschäft sind wir wirklich tätig?" Die Frage müsste bei Porsche vielleicht so lauten: „Verkauft Porsche eigentlich Autos?"

Die spontane Antwort auf diese Frage lautet vielfach „nein". Das ist aber falsch. Porsche verkauft Autos. Der Kunde kauft ein Vehikel mit vier Rädern, Motor, Getriebe, Sitzen usw. Außerdem erfüllt es den Zweck eines Autos. Man kann sich mit diesem Gerät, je nach Sichtweise halbwegs komfortabel und halbwegs sicher, von A nach B bewegen. Das genau beschreibt die Merkmale und Nutzen eines Autos. Nun kann man mit Fug und Recht sagen, dass man für diese Dinge keine 100.000 € ausgeben muss, die so ein Porsche kostet, 20.000 € reichen dafür völlig aus. Die spannende Frage ist: Wofür bezahlt der Porschekäufer die restlichen 80.000 €? Porsche muss diese Frage richtig beantwortet haben, sonst wären sie nicht so erfolgreich.

## Ihr Bonus als Käufer dieses Buches

Als Käufer dieses Buches können Sie kostenlos das eBook zum Buch nutzen.
Sie können es dauerhaft in Ihrem persönlichen, digitalen Bücherregal
auf **springer.com** speichern oder auf Ihren PC/Tablet/eReader downloaden.

Gehen Sie bitte wie folgt vor:
1. Gehen Sie zu **springer.com/shop** und suchen Sie das vorliegende Buch
   (am schnellsten über die Eingabe der eISBN).
2. Legen Sie es in den Warenkorb und klicken Sie dann auf:
   **zum Einkaufswagen/zur Kasse.**
3. Geben Sie den untenstehenden Coupon ein. In der Bestellübersicht wird
   damit das eBook mit 0 Euro ausgewiesen, ist also kostenlos für Sie.
4. Gehen Sie weiter **zur Kasse** und schließen den Vorgang ab.
5. Sie können das eBook nun downloaden und auf einem Gerät Ihrer Wahl lesen.
   Das eBook bleibt dauerhaft in Ihrem digitalen Bücherregal gespeichert.

**EBOOK INSIDE**

**eISBN**
**Ihr persönlicher Coupon**

Sollte der Coupon fehlen oder nicht funktionieren, senden Sie uns bitte
eine E-Mail mit dem Betreff: **eBook inside** an **customerservice@springer.com**.

978-3-658-17974-8
XJjb2deBayMc9jy